Índice general

Introducción..5
Una sexualidad responsable.......................................6

CAPÍTULO 1. DIALÉCTICA DE LA SEXUALIDAD 7
¿Qué es la sexualidad? 9
Sexualidad y reproducción no son sinónimos 10
¿Cuándo se despierta la sexualidad? 12

CAPÍTULO 2. EL CUERPO Y LA SEXUALIDAD 15
Cambios y diferencias corporales 17
Sistema genital femenino 20
Sistema genital masculino 27

CAPÍTULO 3. LA MENSTRUACIÓN Y EL CICLO MENSTRUAL 33
¿De qué se trata este proceso fisiológico? 35

CAPÍTULO 4. LA MASTURBACIÓN 41
Una práctica de 0 a 99 años..43

CAPÍTULO 5. ESTIMULACIÓN, EXCITACIÓN SEXUAL Y ORGASMO 45
La primera vez 47
Respuesta sexual 50
La excitación sexual 51
Sexo con amor 54

CAPÍTULO 6. LOS MÉTODOS ANTICONCEPTIVOS 55
La salud sexual 57
¿Qué método anticonceptivo utilizar? 58

CAPÍTULO 7. LAS INFECCIONES DE TRANSMISIÓN SEXUAL (ITS) 75
¿Qué son las ITS? 77
¿Cómo se transmiten? 78
¿Cómo combatirlas? 79
¿Cómo prevenirlas? 80
Las ITS más frecuentes en la Argentina 81

CAPÍTULO 8. VIH/SIDA 87
¿Qué es el SIDA? 89
Formas de contagio y pruebas de detección del VIH 91

CAPÍTULO 9. EMBARAZOS ADOLESCENTES 99
Madres y padres adolescentes 101
El contexto familiar 105
Algunas consecuencias del embarazo adolescente 107
El aborto no es un método anticonceptivo 108

CAPÍTULO 10. LA ORIENTACIÓN SEXUAL 109
Diversidad sexual 111
La identidad sexual 113

CAPÍTULO 11. MALTRATO, ABUSO Y VIOLACIÓN SEXUAL 119
¿En qué consiste la violencia sexual? 121
Trastornos y síntomas en un menor abusado 123
Resiliencia: reparación del abuso sexual y la violación 126

Epílogo 127
Bibliografía 128

Introducción

¿Qué esperan saber sus hijos e hijas para lograr una sexualidad saludable y responsable? ¿Qué pensamientos, qué emociones, qué actitudes y qué problemas desencadena la desinformación? ¿Por qué no escucharlos/as y proponer un diálogo intergeneracional, constructivo? ¿Cómo ayudar a sus hijos e hijas a conocer y a adaptarse al cuerpo que cambia? ¿Qué implica para las niñas decir que se convirtieron en mujeres? ¿Qué riesgos enfrentan los y las adolescentes si no tienen sexo seguro y responsable? ¿Cómo saber cuando una persona tiene SIDA? ¿Qué se debe hacer en caso de estar infectado por el virus VIH?

Este libro se construyó sobre la base de distintas preguntas formuladas por chicas y chicos de 11 a 16 años. Está dirigido a los padres y a las madres y a otros integrantes de las familias que elijan preguntarse acerca de la salud sexual y reproductiva de sus hijos/as, y de aquellos temas que se originen en las charlas informales y cotidianas. Es muy importante que se les pueda dar la palabra a los púberes y adolescentes en un contexto afectivo y respetuoso mutuo, propiciando la tolerancia, el amor y la responsabilidad.

Muchas veces, sus hijos e hijas no saben con quién discutir los temas que les preocupan sobre distintos aspectos de su sexualidad y tienen dificultad para charlarlo con adultos; desean mantenerse anónimos, pero sí quieren y necesitan averiguar acerca de sus dudas.

Las preguntas incluidas en este libro surgieron de una investigación realizada por los autores en escuelas públicas y privadas, con chicos y chicas del último año de primaria, también de secundaria y del primer año del polimodal, de la provincia de Buenos Aires, desde el año 2003 hasta el 2005.

Pero también se incluyen otras posibles preguntas formuladas por adolescentes que se trabajan en los talleres vivenciales y con madres y padres. Se trata de información actualizada que se utiliza tanto en los Talleres de Educación Sexual que se dictan en las escuelas, como en la Cátedra de Biología de la carrera de Ciencias de la Educación, en la Facultad de Filosofía y Letras (Universidad de Buenos Aires).

Las preguntas y sus respuestas se organizaron temáticamente teniendo en cuenta las dudas más frecuentes referidas al cuerpo, la sexualidad, las relaciones sexuales, el SIDA, entre otras.

Es nuestra intención que este libro ayude a los lectores –ya sean padres, madres o hijos/as– a informarse e informar acerca de su sexualidad, de sus propios cuerpos, para cuidar su salud sexual y para fomentar una sexualidad placentera y responsable.

Una sexualidad responsable

Las ideas acerca de la sexualidad surgen en contextos socio-culturales e históricos particulares que influyen en las actitudes, comportamientos y creencias de las personas, otorgando o negando permisos para sentir, pensar y hacer.

A través de la sexualidad es posible aprender muchas cosas: a ser «mujer» y a ser «varón», a definirse como ser sexuado y a asumir su propia identidad. Por un lado, la sexualidad se construye en una época y en una sociedad determinada incluyendo las creencias, las costumbres y las normas que establecen el comportamiento de las personas. Pero también implica el descubrimiento del amor y del erotismo, el enamorarse y el romance.

La salud sexual forma parte de la salud integral de las personas, pero la sexualidad abarca también las emociones, los afectos y los cuerpos.

Muchas veces, los padres y madres piensan que si les brindan a sus hijos/as información acerca de los diferentes métodos anticonceptivos o de las relaciones sexuales, los estarán incitando a iniciarse sexualmente antes de tiempo, pues les cuesta ver lo útil que sería ese diálogo en la prevención de embarazos adolescentes no deseados o accidentales, para proteger sus cuerpos de las infecciones de transmisión sexual (ITS) y el SIDA, entre otras cosas.

Contestar a las preguntas adolescentes nada tiene que ver con indicar con quién, cómo, ni cuándo se deben mantener relaciones sexuales. Tampoco tiene que ver con favorecer su inicio en forma precoz. El momento en que cada persona se inicia en las relaciones sexuales tiene que ser una decisión de cada uno. Y esta decisión suele ser más responsable y comprometida cuando más educación sexual integral se recibe.

Es evidente que en temas de educación sexual y prevención es necesario crear un clima de confianza y respeto entre los que participan. Por eso, esperamos que este material pueda ser utilizado para mejorar y enriquecer los diálogos acerca de la sexualidad adecuada y placentera y de la prevención de embarazos adolescentes no deseados y/o accidentales, de infecciones de transmisión sexual (ITS) y SIDA, de abuso sexual, maltrato y violación sexual.

Este libro muestra que las familias pueden encontrar los espacios para informar y reflexionar con los jóvenes acerca de la sexualidad, más allá de las limitaciones externas que pudieran surgir. Es nuestro deseo que este material ayude e incentive a muchas familias para que puedan traspasar la barrera de las habituales expresiones «no se puede», «no tengo tiempo», «mis hijos no lo van a tomar en serio», «prefieren hablar con sus amigos», etc.

Recuerden que ustedes, como José Agustín Goytisolo en este fragmento de *Palabras para Julia*, también pueden expresar:

La vida es bella ya verás, / como a pesar de los pesares, tendrás amigos, tendrás amor, / tendrás amigos...

[...] Nunca te entregues ni te apartes, / junto al camino nunca digas, no puedo más, y aquí me quedo, / y aquí me quedo...

Dialéctica de la sexualidad

CAPÍTULO 1

"Lo importante es no dejar de hacerse preguntas".

Albert Einstein

¿Qué es la sexualidad?

La sexualidad humana está presente desde antes de nacer. Es una construcción que no aparece espontáneamente en la adolescencia. Se trata de un proceso que se construye en interacción con otros seres humanos, socialmente.

Así, la sexualidad es parte de la historia personal de cada individuo. En ella intervienen los cuerpos, sentimientos y emociones, atravesados por la cultura. No se trata entonces de una función solamente biológica. Se considera «sexualidad» al conjunto de procesos emocionales y comportamentales en relación con el sexo que intervienen en todas las etapas del ciclo de vida de un individuo, a lo largo de su desarrollo.

No siempre la sexualidad es equivalente a placer y goce, ya que muchas prácticas sexuales pueden resultar molestas, producir rechazo, miedo o repulsión. Por ejemplo, es el caso de una mujer violada, una niña abusada sexualmente, o en prácticas coitales que producen rechazo. En dichos casos, se genera espanto, miedo, y no placer o disfrute.

Cuando se habla de goce y placer en sexualidad, se deberían tener en cuenta los derechos que tienen los hombres y los derechos de las mujeres.

Sexualidad y reproducción no son sinónimos

A principios del siglo XX, se logró diferenciar el concepto de «sexualidad» del concepto de «reproducción». Se separó así la sexualidad de los propósitos y resultados de la fecundación y del embarazo. Por ejemplo, una mujer puede ejercer su sexualidad aún sin reproducirse (sin tener hijos). Por el contrario, para reproducirse sí es imprescindible el componente sexual (aún en técnicas de reproducción asistida se recurre a ello).

Por lo tanto, no es indispensable que una persona menstrúe, se embarace y amamante para decir que pertenece al sexo femenino de la especie humana; como tampoco es requisito que un hombre embarace a una mujer para que se lo considere como integrante del sexo masculino. Es decir, la sexualidad cumple otras funciones además de la reproductiva.

Aprender a hablar de sexualidad de manera seria, madura y actualizada contribuirá enormemente a vivir plena, integral y responsablemente la sexualidad.

Sexo y genitalidad

Los términos «sexo» y «genitalidad» hacen referencia a los factores biológicos de la dimensión sexual humana: órganos sexuales y sus funciones, composición genética, funcionamiento hormonal, entre otros. Por ejemplo, hombres y mujeres se diferencian también por características biológicas, así, los cromosomas sexuales determinan el género: XX (mujer), XY (varón). Al nacer, todos los seres humanos están definidos genéticamente.

La «genitalidad» implica el hecho biológico, las conductas y los contenidos psicoemocionales vinculados con las funciones genitales, el acto sexual y la reproducción. Es el resultado del funcionamiento de los órganos sexuales del individuo y/o de una pareja, en actividades que implican una búsqueda y un logro de placer y una descarga de energía. La genitalidad, que incluye el llamado «acto sexual» o «coito», es sólo una faceta de la sexualidad; ésta última es mucho más que genitalidad y que sexo.

Por ejemplo, cuando una chica de 16 años le cuenta a sus compañeras, como una hazaña, que la noche anterior «estuvo» o «curtió» con cinco chicos, está igualando sexualidad con genitalidad, con relaciones sexuales, sin tomar en cuenta los aspectos emocionales, como el placer y el afecto. <u>Justamente, la falta de comunicación y de intercambio entre madres/padres e hijos/as, induce muchas veces a desarrollar una conducta sexual dominada por la genitalidad y orientada a la satisfacción inmediata, más que hacia el enriquecimiento personal y a la creación de profundas relaciones de afecto y conocimiento mutuo, sin tener en cuenta el pensar, el hacer y el sentir.</u>

El pensar, el hacer, el sentir.

Sexo y género

Es cierto que se nace con un determinado «sexo» genético, genital y hormonal, pero los roles de género se construyen socialmente. El «género» es un sistema o red de creencias, actitudes, valores, formas de comportamiento y maneras de ver el mundo, que se aprende desde el nacimiento, a través de la familia y, en general, de la sociedad. Muchas veces, este sistema justifica la opresión y se basa en principios provenientes supuestamente de la naturaleza biológica, como por ejemplo: «sos una señorita, no podés ser tan mal hablada»; «los hombres no deben demostrar sus sentimientos»; «hace falta un hombre para hacer el asado». Un ejemplo más concreto es que a los varones se les regalan autitos, pelotas y soldados; y a las nenas, muñecas y cocinas de juguete. El aspecto perjudicial de esto es que lleva a la creación de prejuicios y expectativas imposibles de cumplir, ya que no toman en cuenta las cualidades individuales. Todo esto propicia la construcción de roles de género fijos, estereotipados, invariables. Al clasificar algunas características como masculinas, y otras como femeninas, se pierde de vista que todas ellas son características humanas, independientemente del sexo (otro ejemplo respecto de las relaciones sexuales es cuando se atribuye al hombre el rol activo y a la mujer el rol pasivo). En la mayoría de las sociedades, esta diferenciación de género fue otorgando roles desventajosos a la mujer, de menor jerarquía social y con menor retribución económica.

¿Cuándo se despierta la sexualidad?

El bebé va construyendo su sexualidad a partir de los contactos corporales y táctiles con su madre. Sin ellos no se pueden construir los vínculos afectivos mamá-bebé (o en su defecto otro adulto-bebé). Se debe recordar que el amor no malcría.

Es esperable que bebés de ambos sexos, dada su curiosidad, experimenten placer tocándose sus genitales. En el período de lactancia es común, y sin consecuencias, que un bebé se toque sus genitales, por lo tanto, se aconseja a los padres no intervenir separando la mano de su bebé.

Hacia el 1 ½ de vida, los niños/as se interesan por aquello que «sale» de sus cuerpos: excrementos y orina. Les produce mucha satisfacción la adquisición de la posibilidad de dominar y «controlar» su cuerpo.

Hacia los 2 ó 3 años, además, se van interesando en las diferencias entre los sexos; los niños y niñas están intrigados por sus propios cuerpos, y los varones especialmente por su genitalidad externa. Ambos, niñas y niños, juegan con sus genitales y encuentran placer al hacerlo. A medida que empiezan a hablar, hacia los 2 años de edad, los niños y niñas muestran signos claros de cómo van construyendo su identidad como varones o mujeres.

Se interesan en averiguar y ensayar cómo orinan unos y otros, y juegan intercambiando roles de uno y otro sexo. Así, por ejemplo, una niña —de escasos 2 años— puede insistir en hacer pis parada «porque tiene pito», como uno de sus amiguitos del jardín. Unos meses después, se sienta para orinar como sus hermanas y demás amigas mujeres. Los padres no deberían desesperarse frente a este posible comportamiento de sus hijas mujeres, pues es habitual y sólo dura unos pocos meses.

También las niñas y niños comienzan a interesarse en cómo se hacen los bebés, cómo se «alimentan en la panza», etc.

Entre los 3 y 4 años, los niños y niñas juegan «al doctor» e investigan cómo son unos y otros: se quieren mirar a sí mismos, a sus amigos y a sus padres. Se trata de un juego bastante común, que les permite interactuar y que les resulta muy divertido. Además, les da la posibilidad de elaborar situaciones de enfermedad y heridas. Sin embargo, los padres deben cuidar que un chico no introduzca ningún objeto (piedrita, moneda, otro) en el cuerpo «del paciente». Les gusta tocar su cuerpo, pero es importante enseñarles que sus partes íntimas —en particular las relacionadas con su genitalidad— son privadas y no deben dejar que otro las toque. Desde estas tempranas edades es fundamental que los padres enseñen a sus hijos/as a aprender a cuidar y a respetar su cuerpo. Deberían conversar con ellos acerca de cómo desarrollan este juego y aclarar sus límites.

Así como los niños y niñas de estas edades registran sus diferencias corporales, también notan las diferencias entre su cuerpo y el de sus padres. Hasta los 6 ó 7 años, esto les preocupa mucho. Surgen entonces preguntas tales como:

¿por qué los papás tienen tanto pelo por todos lados y las mamás no?; ¿cuándo voy a tener el pito grande como el de papi?; ¿cuándo me va a crecer la barba?; ¿por qué las mamás tienen tetas grandes y los papás no?; ¿por qué las nenas tenemos tetas chiquitas y no tetas grandes como las de la mamá?

En los niños de 3 a 5 años, las preguntas e intereses sobre relaciones sexuales, embarazo y parto tienen como eje al propio niño; desean averiguar acerca de su historia y de dónde vienen. Con respecto a su «origen» quieren saber:

¿cómo nace el bebé en la barriga?; ¿cómo es esa semilla para que nosotros salgamos?; ¿cómo se une mi hermanito al ombligo de mi mamá?; ¿cómo hace mi papá para meter la semillita en la panza de mi mamá?; ¿cómo le nacen los pies y la cabeza?

También quieren saber otras cosas, como por ejemplo:

¿por qué un chico no puede hacer un bebé con una chica?; ¿por qué se embaraza la mamá y no el papá?; ¿cómo se sabe que el bebé quiere nacer?

Uno de los temas importantes de comunicación es el aseo corporal de los niños y niñas, que incluye la higiene de sus orificios y de sus genitales. Desde los 2 años, el niño/a está en condiciones de aprender a enjabonarse y lavarse bajo la supervisión adulta. Es importante que adquiera el hábito respecto de que sólo él o élla pueden y deben tocar sus propios genitales. Es una manera de ayudarlos a prevenir abusos sexuales futuros.

Al comenzar la pubertad, los chicos y chicas se sorprenden ante la transformación de sus cuerpos, que van adquiriendo nuevas posibilidades al cambiar su funcionamiento respecto del cuerpo que los acompañó durante su infancia.

El cuerpo de mujeres y varones es ahora más susceptible a la excitación sexual cuando ven o entran en contacto con otro chico/a que les resulta atractivo/a, o incluso al observar imágenes de modelos, actores, etc. Dicha excitación se manifiesta de diferente manera en varones y mujeres.

El cuerpo y la sexualidad

CAPÍTULO 2

*"Labio sobre labio sobre labio
y la península mía.
Beso contra beso contra beso
y tu bahía".*

"Catalina Bahía", Miguel Cantilo

Cambios y diferencias corporales

Daniel y Vicky tienen 13 y 11 años respectivamente, y como todos los chicos y chicas de su edad, están atravesando una de las etapas de mayor crecimiento físico, emocional, intelectual y ético de su vida. Son compañeros de escuela y tienen muchas dudas y gran curiosidad frente a la cantidad de cambios que están experimentando. Las vidas de Daniel y Vicky se van acercando de a poco, durante unos años de su historia, tiempo en el que un varón y una mujer empiezan a reconocerse como tales a partir de sus semejanzas y sus diferencias, siempre cambiantes.

Alrededor de los 11 a 14 años, aparecen los primeros cambios corporales que hacen que un chico/a deje de ser niño/a. Cambios que transforman también la manera de comportarse, de relacionarse con sus pares, con sus padres, y con las personas en general.

Muchas veces los adultos se refieren al cuerpo como si estuviera separado en estructuras buenas o malas, lindas o feas, incluso algunas partes hasta son innombrables (por ejemplo: «la cosita», «el bulto»), porque se supone que son «vulgares», «no se miran», o «no se tocan». Estas «denominaciones» llevan a desconocer el cuerpo, a tener vergüenza, miedo o a sentir culpa frente a sus cambios y a las sensaciones que se generan.

La sexualidad se manifiesta de forma diferente, pero siempre a través de la curiosidad por conocer, por aprender. De la misma manera, los chicos de 11 a 14 años, siguen disfrutando de su cuerpo, descubriendo cada vez más cosas de sí mismos y de los demás.

Los cambios implican una inquietud por conocer más sobre las transformaciones de su propio cuerpo, del de los otros y sobre la sexualidad. La sexualidad tiene que ver con la capacidad que tenemos para sentir, experimentar, expresar y compartir placer sexual y afecto.

(Vajina y Pene)

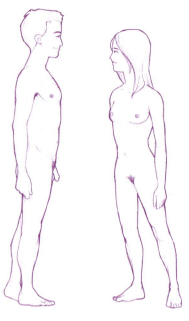

Las diferencias entre mujer y varón no son tan evidentes durante la infancia, a excepción de los caracteres primarios (los órganos genitales), pero sí en la pubertad.

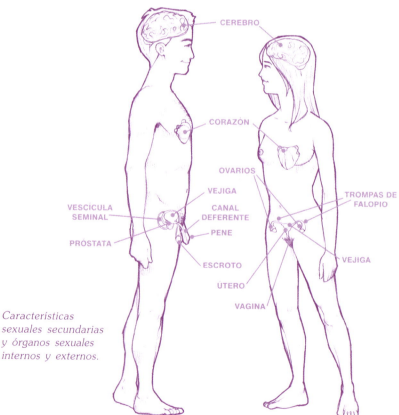

Características sexuales secundarias y órganos sexuales internos y externos.

¿Cuáles son los cambios físicos en el pasaje de niña a púber?
Aparece el vello axilar y púbico. Aumenta el tamaño de las mamas, la areola crece. Se delinea la cintura. Se ensanchan las caderas. Hay cambios hormonales. Se desarrollan los ovarios y el útero. Crecen los órganos sexuales externos. Ocurre la ovulación. Se tiene la primera menstruación.

¿Cuáles son los cambios físicos en el pasaje de niño a púber?
Hay crecimiento de la laringe y la voz se torna grave. Aparece el vello facial (barba), axilar, pectoral y púbico. Se ensanchan los hombros. Hay cambios hormonales. Crecen el pene y los testículos. Se inicia la producción de espermatozoides. Se presentan las primeras poluciones nocturnas y las eyaculaciones.

La pubertad

Los cambios que caracterizan a la pubertad se inician entre los 10 y 13 años, y tienen una duración de aproximadamente cuatro años. La pubertad se manifiesta en las mujeres con la primera menstruación, y en los varones con la primera polución.

Si un varón eyacula antes de los 10 años de edad o una chica tiene su primera menstruación antes de los 9 años, se considera una pubertad precoz. En cambio, si las primeras eyaculaciones del varón ocurren después de los 17 años o la niña menstrúa después de los 16, se habla de pubertad retardada. En estos casos es conveniente consultar a un médico, aunque no son necesariamente problemas patológicos.

Jóvenes de 16 años preguntan: ¿por qué a la mujer entre los 15 y 18 años se le nota un cambio en su desarrollo? ¿Por qué en la mujer se nota ese cambio antes que en el hombre?

Una de las manifestaciones de esos cambios es el crecimiento del vello púbico. Justamente «pubertad» (*pubes*, en latín*)*, quiere decir «vello».

Ambos, mujeres y varones, crecen «de repente». En las mujeres «ese estirón» ocurre generalmente un par de años antes que en los varones. Y esto provoca un desfasaje pues las mujeres crecen y desarrollan los caracteres sexuales secundarios antes de su primera menstruación. Los varones tienen sus primeras poluciones nocturnas unos años después de que las mujeres menstrúan por primera vez y crecen después de dichas poluciones. Por eso, es bastante frecuente que en sexto y séptimo año de la escuela, las mujeres sean más altas y más desarrolladas que los varones.

Sistema genital femenino

LOS ÓRGANOS SEXUALES EXTERNOS DE LA MUJER.

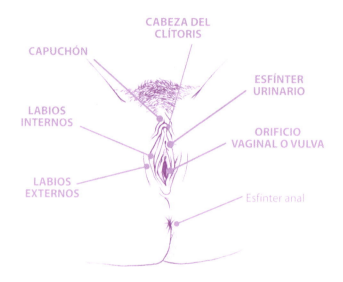

LOS ÓRGANOS SEXUALES INTERNOS DE LA MUJER.

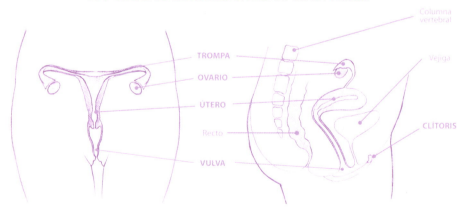

VISTA FRONTAL   VISTA LATERAL

Sistema genital masculino

LOS ÓRGANOS SEXUALES DEL HOMBRE (VISTA LATERAL)

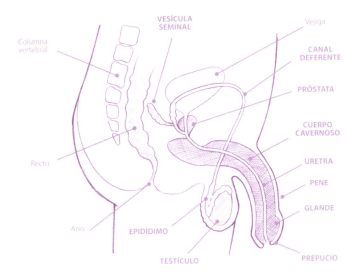

LOS ÓRGANOS SEXUALES DEL HOMBRE (VISTA FRONTAL)

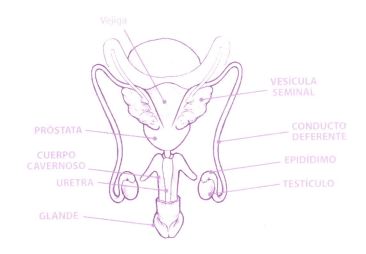

Los órganos genitales externos

En la mujer, los órganos genitales externos no están a la vista. En la ilustración de las páginas anteriores se puede observar que la vulva está compuesta por varias estructuras:

- *los labios mayores o externos, que son pliegues de piel que en la pubertad se hacen más gruesos y se cubren de vello;*
- *los labios menores o internos que son delgados, sin vello, y donde se unen forman un «capuchón», que recubre parcialmente al clítoris.*

¿Por qué se excita una mujer al tocarse el clítoris? (Marta, 16 años).

El clítoris es la región genital más sensible en la mujer. Es una estructura pequeña, que cuando es estimulada entra en erección. Los labios y el clítoris se agrandan al llenarse de sangre cuando la mujer está excitada sexualmente.

El orificio vaginal es la abertura más grande conectada con los órganos genitales internos. Por esta abertura se libera la sangre durante el período menstrual, penetra el pene durante la relación sexual, y puede nacer el bebé.

Al producirse la excitación sexual, las paredes vaginales segregan un líquido lubricante (flujo o moco) que genera una sensación de humedad en la vulva. Este flujo se comienza a producir en la pubertad como consecuencia del incremento de sangre que llega a la vagina cuando hay excitación o estimulación sexual.

¿Por qué no siento nada durante una relación sexual? (Cristina, 16 años)

En primer lugar, una mujer debe estar bien estimulada durante la fase de excitación, de manera que sus genitales externos, y en particular el clítoris, estén erectos, la vagina se dilate y se obtenga una buena lubricación de la zona. En este caso, una mujer puede «no sentir» simplemente porque aún no ha logrado un determinado umbral de excitación.

Es importante que todas las mujeres sepan que aquellas que no tienen problemas en las primeras fases de la respuesta sexual, pueden obtener uno o más orgasmos durante la relación sexual. Una creencia errónea a desterrar es el hecho de ser considerada «frígida». Si la mujer está tensa, y no se permite sentir placer, no puede alcanzar el orgasmo. Pero muchas veces, puede tener un orgasmo clitoridiano y esto confirma que no es frígida. Una mujer puede darse el permiso de explicarle a su compañero cómo la puede estimular para que ambos resulten satisfechos.

En casos de anorgasmia —cuando el orgasmo femenino es inhibido— aún luego de una fase de excitación sexual adecuada, se debería consultar a un ginecólogo, psicólogo y/o sexólogo.

Cada mujer tiene su propio ritmo y su propia sensibilidad, pero, en términos generales, los jóvenes deberían saber que:

- *Las zonas del cuerpo sensibilizadas para responder a sensaciones erógenas o sexuales en las mujeres no se concentran sólo en la región genital.*
- *La mujer necesita tres veces más tiempo de estimulación que el hombre para lograr igual nivel de excitación.*
- *Antes de estimular el clítoris, el varón deberá estimular los labios externos e internos y el resto de los órganos genitales externos.*
- *Cada vez que se interrumpe el estímulo del clítoris, la excitación vuelve al punto de partida.*
- *Deberá usarse un método anticonceptivo que les evite situaciones de riesgo y temor frente a un posible embarazo y transmisión del VIH/SIDA u otra ITS.*

¿Qué es el himen? (Carolina, 15 años).

El himen es una membrana elástica que se encuentra en la entrada de la vagina. Es un tabique incompleto que separa la vulva de la vagina. Con la introducción del pene erecto, de objetos o por efecto de situaciones traumáticas, se produce su desgarramiento (desfloramiento). De ahí, que su presencia intacta pueda servir de prueba de ausencia de coito vaginal (relación sexual con penetración), aunque no de otras experiencias sexuales.

El himen puede presentar diferentes aspectos: anular (con orificio central más o menos regular), semilunar (con orificio oval) y bilabiado (con orificio lineal). En relación con su resistencia, se puede clasificar en flexible, resistente, infranqueable, etc.

Si el himen se encuentra entero, se rompe o se desgarra completamente durante el primero o los primeros coitos. Sin embargo, esta membrana puede desgarrarse por diversos motivos: andar en bicicleta, cabalgar, practicar gimnasia olímpica, etc. Por lo tanto, un himen roto no constituye evidencia contundente de virginidad; por otra parte, existen casos en los que el himen es tan flexible o plegable que puede realizarse el coito en forma repetida sin ocasionar la ruptura de esta membrana.

En algunos casos, las niñas pueden nacer con el himen imperforado (cerrado); esta es la anomalía congénita más común de la vagina. Requiere ser diagnosticada y tratada desde una temprana edad, de lo contrario, en la pubertad se padecerá criptomenorrea, es decir, acumulación de sangre menstrual en útero y vagina.

Aunque es normal que todos los recién nacidos sean auscultados de pies a cabeza por médicos neonatólogos, en muchas ocasiones no se percatan de que algunas niñas tienen el himen totalmente sellado, lo cual, regularmente, se descubre cuando pasa el tiempo y las chicas de entre 16 y 17 años no han tenido su primera menstruación.

En algunas culturas, se espera la integridad del himen para establecer una relación matrimonial, y los ginecólogos –en esos casos– reestablecen o colocan hímenes artificiales.

 ¿Por qué algunas chicas dicen que sienten dolor las «primeras veces»? (Lea, 15 años).

Si una joven tiene su himen intacto, durante el primer coito, y a veces en los siguientes, este se desgarra. Entonces, puede sentir un pequeño dolor y la aparición de gotas de sangre en el momento posterior a la primera penetración peneana.

Pero aunque tenga experiencia sexual, una mujer puede tener una tensión emocional intensa que provoca contracción de los músculos de la entrada vaginal. Esta contracción espasmódica es la que provoca el dolor o las molestias de las primeras penetraciones. Si la contracción es persistente, se denomina «vaginismo».

Si una mujer se encuentra relajada, confortable, en compañía agradable y tierna, no tiene nada de que temer.

¿Cómo sale la sangre menstrual si una chica tiene himen? (Juana, 14 años).

Es importante que las chicas sepan que el himen tiene, a su vez, un orificio que permite la evacuación de sangre menstrual aún en las mujeres vírgenes, de ahí que en general las chicas menstrúen unos cuantos años antes de iniciarse sexualmente.

Detrás de la vulva, en el límite entre el himen y los labios menores o internos, se encuentran las glándulas de Bartholin. En el momento del acto sexual, estas glándulas segregan una sustancia espesa que lubrica la abertura vaginal.

Obviamente, la presencia del himen no cierra completamente la entrada de la vagina, si no, no podría pasar el flujo menstrual. Hay casos muy raros de imperforación del himen. Único caso en que es necesaria una pequeña incisión quirúrgica, que no trae consecuencias.

Es habitual que las chicas adolescentes desconozcan cuántos orificios tienen en su zona genital. Es bueno aclararles que, como se observa en la primera ilustración de la página 20, muy cerca de la abertura vaginal se encuentran el esfínter urinario y el esfínter anal. Esto se puede relacionar con el aseo personal, de manera tal que éste se realice desde la región urinaria hacia la anal, para evitar infecciones urinarias.

Los órganos genitales internos

Como se observa en el segundo dibujo de la página 20, los órganos genitales internos femeninos son:

- *La vagina: canal cuya entrada está en la vulva y termina en el útero. Es muy elástica y tiene la capacidad de dilatarse y de contraerse; esto le permite adaptarse al pene en la relación sexual.*

¿Al dejar de tener relaciones sexuales se cierra la vagina o vuelve a su tamaño normal? ¿Después de la primera vez, cuánto tarda en cerrarse la vagina? (Mónica, 15 años).

Durante la penetración, en una relación sexual, la vulva y la vagina se distienden permitiendo la entrada del pene. Una vez que el hombre eyacula, su pene se vuelve fláccido; al retirarse, la vagina y la vulva vuelven a su tamaño habitual.

De la misma manera, en el momento del parto, la vagina se puede distender y su apertura permite el paso del bebé, recuperando luego su tamaño normal. En general, dos semanas después, el útero alcanza el tamaño que tenía cuando albergaba al feto de dos meses.

La vagina es también el camino de salida de la sangre producida por desprendimiento de una capa del endometrio durante la menstruación.

- *El útero o matriz: es hueco y sus paredes están formadas por fibras musculares; está recubierto internamente por una membrana mucosa, el endometrio, que se engrosa cada mes preparándose para un posible embarazo, o bien parte del endometrio se desprende y se libera con el sangrado durante el período menstrual.*

- *El cuello del útero o cérvix:* es el extremo inferior más delgado; presenta un orificio por donde sale el flujo menstrual. A través del cuello también ascienden los espermatozoides en busca del óvulo y una vez cumplido el período de gestación, el cuello del útero será el motor del parto.

Con frecuencia, las adolescentes de 14 ó 15 años se preguntan:

¿por qué hay que ir a un ginecólogo?; ¿es doloroso?

Cuando una joven toma conscientemente la decisión de iniciarse sexualmente, es conveniente que visite a un ginecólogo/a antes de dicho encuentro, para que le indique cómo cuidarse durante la primera relación sexual y durante las siguientes. De esta manera, podrá prevenir embarazos no deseados, infecciones por VIH y otras ITS.

Además, el cuello uterino es un sitio probable de desarrollo del HPV (*Papiloma virus*) y también de cáncer uterino. Su detección temprana es fundamental y se diagnostica a través de la prueba de *Papanicolau*, procedimiento en el cual durante un examen ginecológico habitual se estudian las células con ayuda de un microscopio. No es doloroso y se recomienda realizarlo, por lo menos, una vez al año.

- *Los ovarios:* son dos órganos productores de ovocitos (estadio previo al óvulo) y están a ambos lados del útero. También producen hormonas que determinan las características sexuales femeninas y el funcionamiento de los órganos sexuales. A partir de la pubertad, cada mes, uno de los ovarios libera un ovocito. Si este no es fecundado, se produce la menstruación. Si el ovocito es fecundado, se formará la célula huevo o cigoto que comenzará a anidar en el útero.

- *Las trompas de Falopio:* son dos tubos delgados que comunican el útero con los ovarios. Por dentro, tienen un fino conducto por donde es conducido el ovocito desde el ovario hasta el útero. Es en las trompas de Falopio donde se puede producir la fecundación del ovocito por el espermatozoide.

Sistema genital masculino

 En la primera ilustración de la página 21, podemos observar:
- *El pene y el escroto: la cabeza del pene o glande está cubierta por el prepucio (pliegue de piel) en los varones que no están circuncidados.*

En la segunda ilustración de la página 21, vemos que:
- *Los testículos son dos glándulas que contienen los túbulos seminíferos que producen los espermatozoides y la hormona masculina llamada «testosterona».*
- *El epidídimo es un conducto que almacena los espermatozoides hasta que son expulsados en la eyaculación.*
- *Los conductos deferentes llevan los espermatozoides desde los testículos hasta el conducto que sale de la vesícula seminal. Cada conducto deferente se fusiona con un conducto de la vesícula seminal y luego, dentro de la próstata (glándula que produce la mayor parte del semen), se une con la uretra, permitiendo que los espermatozoides se lubriquen con fluidos que provienen de la vesícula seminal y de la próstata. El semen resultante es eyaculado desde la uretra, a través del pene.*
- *El semen consiste entonces en espermatozoides y secreciones del epidídimo, próstata y otras glándulas. El semen coagula pocos minutos después de la eyaculación, pero se vuelve a licuar veinte minutos más tarde.*

 ¿Es cierto que cuando un hombre tiene mucho sexo disminuye su rendimiento deportivo? (Pablo, 16 años).

Existen mitos que afirman que la eyaculación debilita o no permite tener buen rendimiento deportivo. Pero, como lo afirman W. Masters y V. Johnson: «un atleta debería rendir con su máxima potencia si luego de un coito pudiera recuperarse 5 minutos». De ahí que tener «mucho sexo» no debilita a un joven y no es «malo».

Sin embargo, antes de un partido de fútbol importante los jugadores se suelen concentrar y, entre otras cuestiones, no se les permite tener

sexo. Pero, muchos especialistas, como el Dr. Adrián Sapetti, opinan que un jugador se desempeñará mejor en la cancha, si tuvo relaciones sexuales gratificantes.

- *La próstata es una glándula que desemboca en la uretra y se encuentra detrás de la vejiga urinaria. Su función es liberar un líquido lechoso y alcalino que forma el semen. Parte de su secreción se elimina en la eyaculación, y otra parte como producto de la orina. La secreción de la próstata, como es alcalina, permite a los espermatozoides desplazarse en la vagina, cuyo medio es ácido.*

¿Cuándo deja de crecer el pene? ¿Hay métodos para que crezca? ¿Es normal que el hombre tenga los genitales pequeños? (Tomás, 15 años).

No hay un tamaño que «deba» tener el pene, ni en la adolescencia ni en la adultez, ya que su tamaño varía de una persona a otra y se relaciona con diversos factores. Este órgano crece con el desarrollo sexual y aproximadamente a los 16 años alcanza su tamaño máximo. En la mayor parte de los hombres, el pene en erección mide entre doce y diecisiete centímetros. Sin embargo, es importante que al charlar acerca de este tema con los varones, puedan ayudarlos a disminuir su preocupación o ansiedad respecto del tamaño de su órgano sexual; sobre todo porque entre la pubertad y la adolescencia los chicos suelen hacer comparaciones y muchos se acomplejan, pues sostienen que los penes más largos son «mejores» o más adecuados en las relaciones sexuales. Sin embargo, la longitud del pene en erección no tiene ninguna relación con su función o capacidad. Así, el placer logrado que involucra el coito no se relaciona directamente con la longitud del pene.

¿Qué es la circuncisión y por qué a algunos varones se la realizan cuando nacen? (Federico, 12 años).

Algunos púberes y adolescentes se preocupan acerca de la posibilidad de ser circuncidados cuando sean más grandes. Es importante responder estas preguntas desde la ideología de cada familia y asegurándoles a sus hijos que un pene circuncidado podrá tener un funcionamiento normal (podrá orinar, tendrá erecciones y podrá eyacular).

En general, las razones de la circuncisión pueden ser higiénicas, funcionales o religiosas. Este procedimiento consiste en extirpar o quitar la porción del prepucio (piel) que cubre el glande. La diferencia entre un pene circuncidado y uno sin circuncidar, consiste en que el primero tiene la cabeza al descubierto mientras que en el segundo está cubierta por el prepucio, pero en ambos casos se conserva la sensibilidad del órgano sexual.

¿Por qué a veces no bajan los testículos? ¿Por qué los testículos suben o bajan cuando uno es chico? (Julián, 12 años).

Justo por debajo del pene, se encuentra el escroto (ver primera ilustración de la página 21). Se trata de una especie de bolsa, de piel floja, dentro de la cual están los dos testículos. Aunque los testículos se asemejan a dos bultos sólidos, son, en realidad, dos órganos que tienen forma de huevo (de ahí uno de sus nombres vulgares) y contienen tubos pequeñísimos.

Durante el desarrollo del feto, los testículos se forman cerca de los riñones. A medida que el feto crece, los testículos bajan hasta llegar al escroto. Normalmente, los testículos están en el escroto antes de que nazca el bebé, pero a veces, puede suceder que un testículo no descienda hasta el escroto.

TESTÍCULOS SIN BAJAR

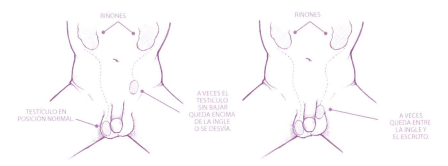

Sitios comunes de un testículo sin bajar.

Un testículo sin bajar hacia el escroto puede detectarse normalmente en un examen físico. Durante el examen, el bebé debe estar acostado boca arriba y, si el niño es de más edad, puede colocarse en cuclillas. El médico coloca los dedos en la ingle del niño y los mueve con suavidad hacia el escroto, hasta que nota el testículo. Si el testículo no puede encontrarse durante la revisación, se pueden hacer estudios usando imágenes, como una ecografía u otras pruebas especiales.

Lo más probable es que el médico decida esperar unos meses para ver si el testículo baja por sí solo. Cuanto más cerca esté el testículo del escroto, más posibilidades hay de que baje. Pero si ambos testículos no han bajado naturalmente, o si el testículo está por encima de la ingle, el médico aconsejará un tratamiento a seguir.

Además, los testículos pueden subir o bajar de acuerdo con determinados estímulos, como el frío, el miedo o la excitación. Es un mecanismo común mediante el cual el organismo regula la temperatura a la que deben permanecer los espermatozoides para que no pierdan su viabilidad (un grado menor a la del resto del cuerpo). Esta es la función del escroto, por eso se estira cuando hace calor y se contrae cuando hace frío.

A uno de cada cincuenta varones puede ocurrirle que en la pubertad sus testículos no desciendan a la posición habitual. El retardo en el descenso se puede deber a problemas hormonales, defecto congénito, alteración física. Este problema se soluciona mediante tratamientos hormonales o cirugías sencillas. Es importante hablar con los varones sobre la ventaja de que exploren mediante el tacto su cuerpo durante el baño para controlar la presencia y posición de sus testículos en el escroto.

¿Por qué se corta el frenillo del pene?; ¿trae consecuencias o problemas? (Pablo, 16 años).

El frenillo es un pliegue que está en la parte posterior del glande, que lo une con el prepucio, y que se mueve fácilmente permitiendo la erección del pene. A veces, cuando se estira el prepucio con «fuerza», el frenillo puede soltarse y salir sangre. En ese caso, se debe concurrir a un centro médico para ser atendido.

¿Qué es un varicocele? (Mario, 15 años)

Es una hinchazón de las venas que van a los testículos, semejante a las várices de las piernas. Puede producir dolores muy intensos y tironeo de los testículos. Generalmente, los síntomas desaparecen con el reposo, pero muchas veces, la cirugía soluciona el problema.

¿Qué es una erección? ¿Por qué nos excitamos? ¿Qué puede pasar si te lastima al ponerse el pene tan fuerte? (Pablo, 11 años). Mirá, se me pone duro... ¿por qué? (Leo, 3 ½ años). ¿A los hombres, les duele el pene cuándo se pone duro? (Hugo, 7 años). ¿Y al tener relaciones? (Fernando, 12 años). ¿Cómo puede hacer un varón para no tener una erección o que no se le note cuando sube una chica que le gusta al colectivo? (Juan, 16 años).

Desde la infancia y durante la pubertad, los varones empiezan a tener erecciones.

Lo que se refleja en las preguntas citadas son experiencias de excitación sexual funcionales que no sólo comprometen a los genitales. Diferentes cambios en todo el cuerpo suelen acompañar estas modificaciones.

Por ejemplo: incremento de sudoración, palpitaciones y mayor tensión muscular. La excitación sexual se dirige a la zona de la pelvis donde llegará mayor cantidad de sangre. Se produce una vasoconstricción cuando una región del pene, que está formada por un tejido esponjoso, se llena de sangre. Con la excitación sexual, o cuando se estimula el pene, se incrementa el flujo de sangre hacia él. Esto produce un aumento del tamaño del pene, endurecimiento y elevación, fenómeno que se conoce como «erección».

En realidad, son los cuerpos cavernosos del pene los que se llenan de sangre y facilitan dicha erección. Precisamente, cuando no se logra fácilmente una erección, después de los cincuenta años, muchas veces se debe a un problema de tipo circulatorio que impide que los cuerpos cavernosos del pene se llenen de sangre. Se puede solucionar con medicación indicada por un sexólogo o urólogo.

La erección ocurre por causas relacionadas con la excitación sexual, pero también durante el sueño o en las situaciones más inesperadas.

¿Qué son las poluciones nocturnas? ¿Por qué todavía no tengo eyaculaciones? (Eduardo, 11 años).

La polución se produce espontáneamente durante el sueño y en la pubertad es muy común que las primeras eyaculaciones sean poluciones nocturnas. El sueño puede o no recordarse al despertar. Es importante que los padres y madres les brinden un espacio a sus hijos varones para que puedan hablar de estas poluciones, recalcándoles su relación con el desarrollo sexual, ya que en general los jóvenes se pueden avergonzar de que su cama esté mojada. Es normal tener poluciones nocturnas.

En cambio, la eyaculación se produce en la vigilia, casi siempre como consecuencia de la masturbación o de una relación sexual. En la pubertad, los testículos de los varones empiezan a producir espermatozoides, y a partir de entonces lo harán constantemente. Dichos espermatozoides, o células sexuales masculinas, mezclados con líquidos de algunas glándulas, constituyen el semen.

La polución y la eyaculación son la emisión del semen en pequeños chorros a través de la uretra hacia el exterior, mediante contracciones musculares. No siempre que hay erección hay eyaculación, aunque durante la erección pueden salir algunas gotas de líquido preseminal (transparente).

En los varones, por lo general, la eyaculación coincide con el orgasmo. El ritmo de las eyaculaciones es variable: pueden eyacular varias veces por día, una vez por día, una vez por semana, o más espaciadamente. La posibilidad de eyacular con cierta frecuencia es mayor durante la

pubertad y la adolescencia y va disminuyendo lentamente con la edad, siendo posible hasta la vejez.

El inicio de las eyaculaciones fluctúa entre los 12 y los 14 años. Es importante tranquilizar a sus hijos si aún no han eyaculado. Si están muy ansiosos, pueden plantear sus dudas a un médico.

Jóvenes de 16 años preguntan: ¿se puede ser estéril y eyacular? ¿Si uno es estéril, también es impotente?

Es importante recalcarle a los varones que la producción de espermatozoides, la erección y la eyaculación son procesos diferentes. Es decir, si bien tienen eyaculaciones, puede ser que el semen no contenga la cantidad suficiente de espermatozoides o que estos sean defectuosos y no puedan fecundar un óvulo.

¿Si me operaron un testículo igual voy a «servir», y voy a poder tener hijos? (Hugo, 12 años)

Obviamente, siempre y cuando los espermatozoides producidos en el testículo que queda sean fértiles. Cabe aclarar que esterilidad no es sinónimo de impotencia. Un hombre es impotente cuando su pene no tiene capacidad de erección. Así, un hombre puede ser impotente, pero su semen tiene la cantidad y calidad de espermatozoides que le permitirían fecundar un ovocito. En cambio, otro puede tener erecciones, pero su semen no contener espermatozoides viables, indispensables durante la fecundación; podrá tener relaciones sexuales normales, pero es estéril.

En algunos casos, los varones pueden tener un trastorno disfuncional que se denomina «eyaculación precoz». No pueden controlar el proceso de eyaculación y eyaculan antes de la penetración vaginal. Esto se puede deber a un problema de ansiedad o a un mal aprendizaje del control de su eyaculación. La mayoría de los varones pueden controlar la ansiedad y elegir la circunstancia en la que van a eyacular.

A veces, este trastorno puede ser pasajero o presentarse en una fase del desarrollo de la vida sexual del joven, no es una causa orgánica y desaparece con la edad y las experiencias sexuales. Pero, en muchos casos, puede responder a causas más profundas y se necesita la ayuda de un especialista para alcanzar la solución.

La eyaculación precoz se diferencia de la eyaculación rápida porque la segunda se produce dentro de la vagina debido a que el hombre no puede controlarla voluntariamente y eyacula antes de que su pareja alcance el orgasmo.

La menstruación y el ciclo menstrual

CAPÍTULO 3

"Así, la ovulación ocurre en luna llena y la menstruación empieza con el comienzo de la luna nueva".

Helen S. Kaplan

¿De qué se trata este proceso fisiológico?

¿Qué es en realidad la menstruación? (Paula, 12 años).

La menstruación consiste en la emisión de sangre que proviene de la pared interna del útero (endometrio), a través de la vagina. Ocurre una vez por mes, y dura de 3 a 5 días.

El intervalo entre una menstruación y otra puede ser irregular. En la mayoría de las mujeres el ciclo menstrual dura de 26 a 29 días; en otras, puede variar entre 25 y 35 días. Pero, es muy importante aclarar que una misma mujer puede tener ciclos de distinta duración a través de los meses.

Cuando una mujer pasa por la menstruación, también llamada «regla» o «período», suele decir «estoy indispuesta» o «me vino».

Muchas familias conversan con sus hijas antes de su primera menstruación y luego las felicitan pues lo relacionan con el hecho de «convertirse en señoritas». Estas expresiones pueden ser beneficiosas aunque muchas veces las chicas ven con «asco» o «temor» la sangre que sale de sus propios cuerpos. Alba, de 16 años, como muchas otras jóvenes, cuenta que *«cuando menstrué no sabía nada, me dio vergüenza... no quería ser señorita».*

Es importante entonces conversar con sus hijas acerca de la enorme diferencia que existe entre sangrar por haberse lastimado, y la sangre emitida por menstruar como proceso fisiológico.

También se debe comprender que las chicas puedan sentir sensaciones contradictorias como fascinación y orgullo o asco y repulsión. Los hermanos varones de 11 a 13 años suelen comentar: *¡Qué asco... vi sangre en algodones tirados en el baño! ¿Es sangre?*

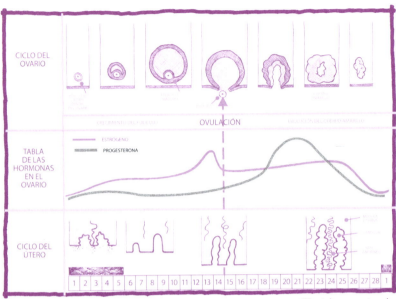

El ciclo menstrual

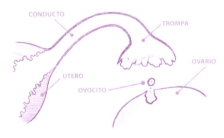

Ovulación

¿Cada cuánto te tiene que venir normalmente? (Cynthia, 11 años).

La menstruación no «nos viene», se produce.

Existen muchas falsas creencias que circulan acerca de lo que puede o no realizar una joven durante el ciclo menstrual; por ejemplo, se cuestiona la realización de actividades físicas, nadar o bañarse en un río o en una pileta, andar en bicicleta o a caballo, y también se la asocia con suciedad.

Pero, como primera medida, sería conveniente desmitificar estos dichos y asegurarles a las chicas que la menstruación es un proceso fisiológico normal, que no debería afectar la vida cotidiana, y que es suficiente con cuidar en forma adecuada la higiene de sus genitales.

Sin embargo, la desmitificación no es tan sencilla pues la sangre ha convocado fantasías y temores a través de la historia.

¿Duele cuando sale esa sangre por la menstruación? (Darío, 13 años).

El término «dismenorrea» es utilizado para designar al dolor en la pelvis asociado con el ciclo menstrual. Este dolor no afecta al sistema genital; muchos afirman que estaría relacionado con la producción de sustancias mediadoras de la inflamación, las prostaglandinas, que inducen la contracción del útero y una disminución del flujo sanguíneo, y contribuyen al descenso de estrógenos y progesterona previo al inicio de la menstruación.

Según la *American Academy of Pediatrics Subcommittee on Chronic Abdominal Pain* otras posibles causas de este dolor pueden ser: exceso de gases, estreñimiento crónico, intestino irritable, inflamación de la vesícula, acidez o indigestión, infecciones del tracto urinario o de órganos sexuales.

¿Qué puedo hacer para no tener dolores menstruales? (Paula, 15 años).

Son múltiples los recursos terapéuticos que pueden utilizarse en la dismenorrea, ya sea para la curación de la causa o para el alivio del dolor en las dismenorreas primarias. Pero resulta muy ventajoso, antes de comenzar con el tratamiento específico, tener presentes algunas medidas para eliminar aquellos factores que pudieran estar involucrados directa o indirectamente. Como generalmente se trata de mujeres muy jóvenes, que desconocen todo lo relacionado con el funcionamiento normal de sus órganos sexuales y el ciclo menstrual, es muy importante que tomen conocimiento del tema, comprendiendo que el dolor no trae aparejadas complicaciones posteriores y es un índice del funcionamiento ovárico normal.

En muchos casos deben modificarse factores relacionados con el ámbito laboral, familiar y social. Un trabajo mental o físico extenuante, asociado a escaso o inadecuado descanso, sedentarismo y un mal régimen alimentario son situaciones frecuentemente relacionadas con la dismenorrea.

Los medicamentos más utilizados son los analgésicos, aunque lo recomendable es una visita a un ginecólogo/a.

¿Por qué Cristina tiene 13 años y no le vino? ¿Por qué el «período» es tan irregular? ¿Cuál es el tiempo de ovulación de una mujer? (Juana, 14 años).

Por lo general, desde los 11 ó 14 años de edad las mujeres tienen mensualmente la menstruación. Es frecuente que algunas chicas de 13 años, que aún no menstruaron, se preocupen y piensen que pueden llegar a ser estériles o a no sentir placer sexual. En este caso, habría

que tranquilizarlas y acompañarlas a una consulta médica.

Durante los primeros días del ciclo menstrual se va formando un tejido llamado «endometrio» que recubre las paredes internas del útero. Simultáneamente, en un ovario va madurando un ovocito que hacia la mitad del ciclo (día 14 si el ciclo es de 28), sale de uno de los ovarios y es recogido por la correspondiente trompa de Falopio; esta conduce el ovocito en dirección al útero. Dicha etapa del ciclo se conoce como «ovulación». Si ese ovocito no es fecundado por un espermatozoide, se desintegra.

Cabe señalar que la ovulación ocurre en diferentes momentos del mes en las distintas mujeres, siendo algunas más regulares que otras. Así, una mujer podrá ovular el día diez del mes, y otra el día dieciocho. Además, el momento de la ovulación puede variar en diferentes meses en la misma mujer por estrés, cambios hormonales, vuelos de un hemisferio a otro, etc. Es importante tener este dato en cuenta para prevenir embarazos no deseados pues al variar el momento de la ovulación, el «calendario» no resulta ser un método anticonceptivo seguro.

Es importante resaltar que durante la menstruación una mujer tiene posibilidades de quedar embarazada, ya sea por tener ovulaciones irregulares, períodos menstruales largos, ciclos menstruales cortos, etc.

Por lo tanto, las mujeres no deberían descuidarse durante la menstruación y es aconsejable seguir utilizando el método anticonceptivo habitual.

Adolescentes de 17 años, preguntan: ¿es verdad que si una chica está indispuesta es más peligroso tener relaciones por el SIDA?

Si una mujer tiene relaciones sexuales sin protección durante el período menstrual, puede adquirir el virus de VIH u otra infección de transmisión sexual (ITS) por el contacto de la sangre con el semen. Como existe mayor flujo de sangre, aumenta la probabilidad de entrar en contacto con semen. También aumenta la posibilidad de transmitir o infectar al varón por el contacto de la sangre y el flujo vaginal con zonas vulnerables del pene.

¿Es normal que a un chico le guste más tener relaciones cuando tengo la menstruación? ¿Es malo que una pareja tenga relaciones cuando la mujer está indispuesta? (Cristina, 16 años).

Muchas mujeres se sienten incómodas al tener relaciones sexuales mientras menstrúan, porque relacionan a la sangre con suciedad y pueden llegar a sentir asco y pudor. Por ejemplo, Adela, de 16 años, piensa que a su novio le gusta tener relaciones sexuales cuando ella menstrúa «porque estoy más lubricada; pero a mí me incomoda».

En otros casos, las mujeres afirman que pueden tener relaciones placenteras durante el período menstrual, que hasta les hace disminuir sus dolores menstruales al relajarse, no sienten aprensión y como están más lubricadas tienen la sensación de alcanzar más fácilmente un orgasmo.

¿Puede ser verdad que Marita haya quedado embarazada sin haber tenido todavía la primera menstruación? (Juana, 16 años).

Como un ovocito puede ser liberado antes de la primera menstruación, tener relaciones sexuales en ese período puede tener como consecuencia un embarazo.

Las jóvenes afirman que muchos varones les preguntan:

¿se les nota por la cara que les viene o sólo porque se ponen insoportables? ¿Por qué les viene mal humor cuando están en período de menstruación?

En realidad los varones preguntan por qué la menstruación altera el estado psicológico o emocional de la mujer. Es una creencia bastante común. Pero, la influencia del comienzo de un período menstrual es muy disímil; así, hay mujeres que no experimentan ningún cambio, otras que pueden manifestar diversas emociones como tristeza, cambios de humor, o quizá estén más cansadas, con los pechos hinchados y más sensibles. Todo esto es habitual que ocurra y se debe a cambios hormonales. De todas formas, hay medicamentos que calman estas molestias.

Las falsas creencias e interpretaciones que hacen ver a la menstruación como un hecho negativo, como una enfermedad o como algo que le resta capacidad a la mujer, afectan a muchas jóvenes. Hablar sobre este tema con las chicas ayuda a que puedan tener en cuenta que la menstruación indica salud y buen funcionamiento de los órganos sexuales femeninos.

¿Por qué a veces la bombacha queda toda mojada?, ¿es normal? ¿Por qué tengo como un liquidito y me pica mucho? (Mari, 15 años).

Es importante explicarles a las jóvenes que pueden tener flujo genital en diferentes momentos del ciclo menstrual y que se puede originar en diferentes lugares:

- Si se origina en el cuello uterino es transparente, gelatinoso y viscoso (con un aspecto similar a la clara de huevo), y aumenta durante la ovulación por acción de unas hormonas denominadas estrógenos. Su función es captar los espermatozoides en caso de tener relaciones sexuales. Puede resultar incómodo pero es normal.
- El flujo genital proviene de las paredes vaginales, aumentando en el período premenstrual; es de color blanquecino grisáceo y muy ácido porque tiene la función de defender la zona genital de la contaminación bacteriana (gérmenes de la materia fecal y la orina, entre otros) que pueden introducirse en la abertura vaginal.
- Un tercer flujo también es genital pero proveniente de unas glándulas pequeñas de la abertura vaginal que liberan una sustancia lubricante que aumenta con la excitación durante el acto sexual.

La cantidad de flujo no es la misma en todas las mujeres. También existen diferencias según los días del mes. Es importante que las chicas sepan que todo esto es normal.

A veces, el flujo puede tomar color amarillo, provocar ardor y una intensa picazón en los labios vaginales. En estos casos es probable que el flujo esté contaminado por hongos y bacterias y es necesario consultar con el ginecólogo/a.

La masturbación

"Yo quisiera predicar la voluntad de dudar. Lo que se persigue no es la voluntad de creer, sino el deseo de descubrir, que es exactamente lo opuesto".

Bertrand Russell

CAPÍTULO 4

Una práctica de 0 a 99 años

¿Es bueno masturbarse? ¿Es peligroso hacerlo muy seguido? ¿Qué complicaciones trae? ¿Es malo que un hombre no tenga relaciones y que tampoco se masturbe? Si una persona se masturba mucho ¿se puede enfermar? ¿Las mujeres se masturban? (Axel, 12 años).

Desde los primeros meses de vida, los bebés comienzan a explorar su cuerpo incluyendo sus genitales, tocándose y experimentando sensaciones placenteras. Los juegos y toqueteos de los propios genitales, esporádicos, durante la infancia, dan lugar a la masturbación como práctica en la pubertad y adolescencia, tiempo en que las relaciones sexuales coitales son escasas o no se tienen.

La masturbación es la forma que tienen mujeres y varones de conocer su cuerpo y su capacidad para experimentar placer. Puede cumplir un papel importante en el desarrollo sexual si es vivida como un hecho placentero; por lo general está acompañada por fantasías eróticas. Es una manera de obtener placer sexual, descubriendo la propia sexualidad asociada a una zona erotizada (pene o clítoris y vulva).

A partir de la pubertad, la masturbación adquiere mayor importancia. Los mitos, prejuicios y creencias impregnan las ideas que tienen tanto las chicas como los chicos en la adolescencia. Ignoran si las mujeres se pueden masturbar, si hace bien, si enferma, y sufren al realizar una actividad que debería ser natural y placentera y que los ayude a conocer mejor su propio cuerpo.

Muchas veces se combate la masturbación con frases como: «¡No te toques!»; «¡No seas vicioso!»; «¡Te van a crecer pelos en las manos!». Estas reacciones de los adultos no hacen más que mostrar su incomodidad frente a esta manifestación de la sexualidad de sus hijos/as, sobre todo cuando estos se tocan en público. Por otra parte, estas expresiones muestran de qué manera fue condenada la masturbación a través de la historia por no considerarse un comportamiento reproductivo. Por eso, se reprimía generando temor, diciendo por ejemplo, que llevaba a la locura. Actualmente, médicos, pediatras y pedagogos consideran a esta práctica como una cuestión esperable y saludable.

Hay jóvenes que sienten culpa, miedo o vergüenza al masturbarse. Muchas veces un adulto puede sorprender a un chico o a un joven masturbándose, y le dice: «¡Qué vergüenza!»; de esta manera le está transmitiendo que en realidad es vergonzoso darse placer a sí mismo y gozar. Estos sentimientos tienen mucho que ver con una imagen distorsionada de la sexualidad en relación con algo pecaminoso, impuro o peligroso.

Muchos chicos se preguntan: ¿es verdad que puede llevar a la locura? ¿Puede provocar fatiga y debilitamiento físico? ¿Se puede acabar el semen si me masturbo frecuentemente? ¿Afecta a la vida sexual futura? ¿Nos puede quitar energía para estudiar?

Todas estas preguntas se refieren a creencias equivocadas pero transmitidas culturalmente.

Es importante decirle a los chicos y las chicas que la masturbación no trae problemas ni orgánicos (corporales) ni psicológicos, y que tampoco afecta a la capacidad reproductiva. El semen «no se acaba» por masturbarse frecuentemente.

Una creencia muy común es que las mujeres no se masturban. Esto es falso, tanto la mujer como el varón pueden obtener placer por la estimulación de sus genitales.

La respuesta femenina ante la excitación se manifiesta fundamentalmente a través de la lubricación de la vagina. De ahí, que muchas chicas se asombren al «sentirse mojadas» y se pregunten si es normal. Es importante que las madres les puedan explicar a sus hijas que se trata de un proceso que acompaña su desarrollo como mujer y que no tienen por qué avergonzarse, que es esperable y normal que así suceda.

Tanto mujeres como varones se masturban en la adolescencia y en la adultez y esta práctica ayuda a establecer una mayor seguridad y confianza en relación con sus propios genitales y otras partes del cuerpo, de modo que posteriormente puedan ser estimulados y utilizados en una relación sexual. Sin embargo, existen diferencias en cuanto a los hábitos entre chicos y chicas. Así, los varones suelen masturbarse a edades más tempranas que las mujeres. Un juego frecuente entre los varones púberes es compararse el tamaño de sus penes o masturbarse en grupo para ver cuán lejos llega el semen. Las chicas, en cambio, no suelen compartir sus experiencias. Sus charlas más bien se relacionan con el crecimiento de los pechos, si «les vino» la menstruación. Si se masturban, lo hacen en la intimidad y no en grupo.

Un porcentaje pequeño de jóvenes usa la masturbación para reemplazar actividades básicas diarias, como ir a la escuela o trabajar. En este caso sería conveniente consultar a un especialista.

Estimulación, excitación sexual y orgasmo

CAPÍTULO 5

"La respuesta sexual es la forma de responder ante los estímulos que provocan el deseo tanto desde el punto de vista físico, como desde el punto de vista más íntimo y personal".

William Masters y Virginia Johnson

La primera vez

Julieta es una joven alegre y soñadora. Tiene 16 años y estudia en la escuela secundaria. No tiene muchos amigos, pero sí frecuenta algunas chicas a las que considera sinceras y leales.

Sin embargo, está preocupada. Andrés le sugiere y pide, desde hace casi dos meses, que salgan solos, sin el grupo de amigos, que sean novios y que se acaricien más profundamente.

Julieta se mostró sorprendida. En realidad, ella lo quería a Andrés, se divertía con él. Pero Andrés insistió en tener mayor acercamiento sexual y ella cedió. Al principio la pasó bien, pero un mes más tarde empezó a extrañar al grupo. Además, Andrés empezó a pedirle cosas que a Julieta no le gustaban.

Realmente Julieta no quería seguir avanzando en esa relación ni iniciarse sexualmente. Pero, pensaba: «¿qué hago?». No quería lastimar a Andrés, ni perderlo como novio. Y se preguntaba: «¿no se estaría apurando, Andrés?».

Quizá este relato es familiar para muchas personas y responde a una problemática que muchas veces los jóvenes viven con angustia y ansiedad. Las preguntas respecto de la iniciación sexual son directas. Los chicos y chicas quieren saber qué les sucede y qué hacer.

La prueba de amor

Karina es una alumna de 15 años que está saliendo con Ariel desde hace cinco meses. Está preocupada porque Ariel le dio un ultimátum. Le dijo que no era posible que en estos cinco meses no hubiesen tenido sexo.

Ariel atribuye este hecho a la falta de amor que Karina tiene hacia él. Por otra parte, Karina trata de hacerle entender que lo ama y que todavía no encontró el momento para tener relaciones sexuales. Karina tiene miedo de perderlo y piensa todo el día en qué debe hacer.

Para iniciar una vida sexual con una pareja ocasional o estable es importante que ambos estén de acuerdo. Para ilustrar esta situación citaremos un diálogo entre Julián (16 años) y su padre:

> —Hace tres meses que nos conocemos y ella quiere tener relaciones sexuales y yo no, ¿qué hago? —plantea Julián.
> —Me parece esencial que la escuches, que lo hablen entre ustedes, se entiendan, y busquen una solución que deje a ambos contentos.

Lo que propone el padre de Julián es un diálogo que permita resolver este tipo de conflictos. Aunque no sea sencillo, siempre es mejor que ceder ante una situación no deseada.

En el caso de las chicas, a veces, demuestran su excitación sexual frente a las caricias, pero esto no significa que quieran o estén preparadas para tener relaciones sexuales. Sin embargo, los varones pueden pensar que ellas en realidad quieren pero no se animan a decirlo e intentan presionarlas.

Si en ambos casos los jóvenes pueden respetar el «no» de su novias/os, se van a sentir mejor por haber tomado en cuenta la decisión del otro.

¿Es bueno tener relaciones a partir de los 13, 14 ó 15 años? ¿A qué edad se debe tener la primera relación sexual?

Por lo general, estas preguntas se refieren a la primera penetración o intento heterosexual y también a la primera experiencia erótica homosexual. Lo cierto es que no se puede recomendar una edad ideal para la iniciación sexual.

La edad promedio de iniciación sexual en la Argentina –aunque varía según el ambiente social– es de 14,9 años para los varones, y 15,7 años en las mujeres.

Cuando los jóvenes tienen acceso a mayor información y educación sexual, se retarda la iniciación y se toman más precauciones, tanto en la elección de la pareja, el momento y la modalidad, como en las medidas preventivas respecto al embarazo y contagio de ITS y SIDA.

Cuando las relaciones sexuales se inician más tarde, es habitual el consentimiento de ambas partes, una mayor responsabilidad compartida y más compromiso.

Durante mucho tiempo, fue muy común que los varones púberes se iniciaran sexualmente con trabajadoras del sexo. Y luego, se suponía que enseñasen a sus novias lo que habían aprendido.

El comportamiento sexual adolescente

Es frecuente escuchar diálogos entre los jóvenes, con comentarios competitivos, casi deportivos como: «anoche, en el boliche me transé a cinco»... «y yo a siete». Estas conversaciones provienen tanto de mujeres como de varones desde los 15 años. Cabe preguntarse cuáles son los móviles que llevan a un/a adolescente a iniciarse sexualmente. En el caso citado, parecería que el objetivo en ambos sexos es el de «transar» o «curtir» con el mayor número posible de chicos/as y obviamente sin tomar precauciones responsables, lo que implica situaciones de riesgo.

Otras veces, varones y mujeres buscan en las relaciones sexuales afecto, comunicación, aprendizaje, descubrimiento y placer.

Además, entre las mujeres, sigue predominando la idea del «sexo con amor».

Los varones y las chicas fantasean con lo que puede suceder en su «primera vez». Quieren hacerlo, pero sienten miedo.

¿Por qué cuando una chica es virgen le duele más la penetración? ¿Por qué es común que la primera vez duela? ¿Cómo sé si no me voy a contagiar de algo? (Lucía, 13 años).

Si el orificio del himen es muy estrecho y poco flexible, con la primera penetración se puede desgarrar y resultar incómodo o hasta doloroso. Es conveniente informar a las chicas de manera tal que sepan cómo cuidar su cuerpo en sus primeras relaciones sexuales y no depender de la sabiduría ya adquirida de su novio.

Ni una mujer, ni un varón pueden saber si tienen riesgo o no de contagiarse una ITS y/o VIH de su compañero/a. Por eso es fundamental usar preservativo.

Respuesta sexual

¿Por qué los hombres se desesperan más que las mujeres por la falta de sexo? ¿Por qué los hombres se excitan más? (Isabel, 16 años).

Cuando los estímulos sexuales que recibe una persona son efectivos, desencadenan una serie de reacciones físicas y psicológicas que se llaman «respuesta sexual». Existe gran diversidad de respuestas sexuales pues hay múltiples estímulos (ver imágenes eróticas, escuchar canciones románticas, etc.) que desencadenan tales respuestas.

Pero aún está instalado el mito de que el hombre se excita más que la mujer. Es sólo una cuestión de discriminación de género. Muchas adolescentes cuando cuentan sus sentimientos y emociones son «maltratadas» y enjuiciadas con frases tales como: «es una cualquiera»; «es rápida», etc.

Si una mujer es estimulada adecuadamente, se puede excitar muy rápido, igual que el hombre, ya que los dos tienen igual capacidad biológica para lograrlo. Pero, como la educación sexual recibida por muchas mujeres es diferente o inexistente, les resulta difícil excitarse, relajarse, sentir, mostrar sus sentimientos y llegar al orgasmo. En general, aprendieron a reprimir las sensaciones respecto de su sexualidad y de la expresión del deseo. En cambio, el varón es estimulado desde la pubertad al conocimiento y contacto con su cuerpo y las sensaciones placenteras.

Hombres y mujeres pueden presentar igual necesidad de tener relaciones sexuales y pueden ambos sentir placer. En una pareja, intervienen la sexualidad y la genitalidad durante una relación sexual y también una diversidad de estímulos que involucran los afectos, las sensaciones, las fantasías, el juego y la comunicación.

La excitación sexual

El período de excitación sexual corresponde al llamado «juego del amor» o «fase del deseo» (W. Masters y V. Johnson). Durante esta etapa se producen modificaciones involuntarias en las regiones genitales y en todo el cuerpo (por ejemplo: aumenta el sudor y el tono muscular) que aparecen cuando surge una atracción por otra persona y provoca ganas de acariciarse, besarse o de iniciar el acto sexual.

Aumenta el flujo sanguíneo en la zona pélvica y los órganos genitales externos de ambos sexos aumentan de tamaño: se produce la erección del pene o del clítoris. En la mujer, además se segrega flujo que lubrica la vagina y humedece los genitales externos.

En este punto, es conveniente que los padres expliquen a sus hijos/as que si alguno de los miembros de la pareja (o ambos) no desean continuar con la relación sexual, pueden detenerla y las condiciones fisiológicas vuelven a su estado anterior. Pero, se debería también advertir que cuando el pene está erecto, segrega líquido seminal que puede contener el virus VIH y espermatozoides. La cabeza del glande del pene se humedece por la secreción del líquido preseminal, involuntariamente, que contiene espermatozoides vitales de eyaculaciones anteriores.

Es importante señalar que aunque el varón se retire de la vagina antes de eyacular, existe la posibilidad de un embarazo y además, como ya señalamos, dicho líquido puede contener gérmenes responsables de transmitir infecciones sexuales.

Por otra parte, el hombre puede excitarse más rápidamente porque la mujer necesita el triple de tiempo para garantizar una excitación equivalente de su clítoris y una buena lubricación, hecho fundamental para tener un orgasmo satisfactorio. De todas maneras, este tiempo es variable según la persona, los factores psíquicos y culturales, y la edad.

¿Cómo se produce el orgasmo femenino?

El orgasmo es el momento de culminación del placer sexual, el clímax, la satisfacción final en la excitación sexual. Cada persona lo experimenta de una manera diferente. Es un momento de unión con uno mismo y con la pareja. Incluye procesos físicos, emocionales y socio-culturales.

Esta sensación es una respuesta refleja que dura poco tiempo (de 4 a 8 segundos); está acompañada por contracciones en la zona de la pelvis, y de los músculos que rodean al ano y a la vagina; también aumenta el latido cardíaco y la frecuencia respiratoria.

¿Cómo me doy cuenta de que él eyaculó? ¿En el varón es lo mismo eyacular que tener un orgasmo? (Patricia, 16 años).

El varón también tiene contracciones involuntarias en la base del pene y en el ano. Todas estas reacciones producen la eyaculación (expulsión o emisión del semen por la uretra). En general, una mujer puede percibir estas contracciones y la emisión de semen por parte del varón. En ese momento el cuerpo del hombre primero experimenta mucha tensión muscular, y luego una gran relajación. El varón puede tener erecciones sin emisiones de semen, y también puede producirse una eyaculación sin erección.

Jóvenes de 16 años preguntan: ¿cómo se nota que una mujer tuvo un orgasmo?

La mujer experimenta una serie de contracciones involuntarias y rítmicas en el útero, en la región más externa de la vagina, en los músculos que rodean el esfínter anal y rectal. Dichas contracciones pueden tener diferente intensidad y provocan sensaciones placenteras, que son seguidas por un estado de relajación.

Algunas mujeres intentan explicar lo que sienten durante el orgasmo, y para ello utilizan expresiones tales como «es una pequeña muerte», «se te pone la piel de gallina», etc.

A veces, la preocupación por llegar al orgasmo, por mejorar su calidad, por prolongarlo, por tener más de uno puede hacer perder de vista todo lo demás: el placer del contacto, del intercambio de afecto o el dar placer a la otra persona.

¿Cómo puedo hacer para provocar el orgasmo en una mujer? (Pablo, 16 años).

En general, cuando un joven desea ayudar a su compañera a llegar al orgasmo, puede lograrlo alargando el juego amoroso y estimulando los genitales externos, en particular el clítoris, durante la fase de excitación.

¿Cuánto tiempo tarda la mujer en tener un orgasmo?

El tiempo es muy variable, no sólo entre diversas mujeres sino en una misma mujer según el momento, su estado emocional y la estimulación recibida.

¿Es posible que una mujer pueda tener muchos orgasmos en una hora?

Muchas mujeres pueden tener varios orgasmos en una sola relación sexual; esto se conoce como «multiorgasmia».

En los hombres, después del orgasmo, el pene retorna a su estado inicial de flaccidez y durante algún tiempo no logra otra erección (período refractario). En cambio, si la mujer sigue siendo estimulada, puede volver a excitarse y a tener un nuevo orgasmo. De lo contrario, los genitales externos recuperan su tamaño inicial y el clítoris pierde su erección.

Sexo con amor

Las relaciones sexuales o el coito no implican solamente la penetración del pene en la vagina; es también una forma de experimentar y compartir emociones, de dar y de recibir placer, de demostrar amor, compromiso afectivo y comunicación.

Los adolescentes pueden tener la capacidad de enamorarse con mucha pasión. Se fascinan por la persona a la que aman, experimentando la necesidad de estar juntos, de tocarse, de «pertenecerse». Las emociones en los adolescentes son inesperadas, contradictorias y profundas, a pesar de que muchas veces el amor es una lenta construcción.

Muchos adolescentes se preguntan si está bien tener relaciones sexuales sin estar enamorado. La interacción entre dos personas implica comunicación desde las emociones y el cuerpo. En algunos casos, los adolescentes tienen relaciones sexuales ocasionales únicamente para satisfacer necesidades físicas, emocionales o como respuesta a la presión del grupo de pares. En otros casos, este acto tiene un significado diferente, basado en la confianza y el amor, como sentimiento que surge en el cuidado hacia el propio cuerpo y hacia el del otro/a, la responsabilidad mutua, y la preocupación por satisfacer las necesidades de placer y goce de ambos.

En las charlas con sus hijos sería importante que los padres y madres pudieran informarles la diversidad de maneras de comunicación que tienen como seres humanos, aún en el contacto corporal, sea este amistoso o erótico.

La magia del primer amor consiste en nuestra ignorancia de que pueda tener fin.

Antoine de Saint-Exupéry

La salud sexual

Los métodos anticonceptivos permiten a una pareja decidir cómo cuidar sus cuerpos y su salud sexual durante las relaciones sexuales. Ayudan a disfrutar de la sexualidad, porque previenen embarazos, infecciones de transmisión sexual (ITS) y el SIDA.

Todo método anticonceptivo debería ser eficaz, aceptado por ambas personas y accesible económicamente. Hay técnicas consideradas por muchos autores como métodos anticonceptivos que no son eficaces ni en prevenir embarazos no deseados ni en proteger al organismo frente a las ITS y el SIDA (como «acabar afuera», el método del ritmo o calendario, entre otros).

Es importante que los padres insistan a sus hijos e hijas sobre la ventaja del uso del preservativo para prevenir embarazos no deseados y el contagio del SIDA.

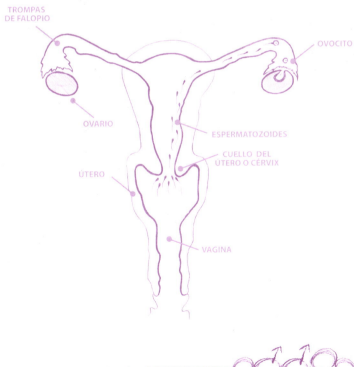

¿Qué método anticonceptivo utilizar?

¿Qué método anticonceptivo es más eficaz y trae menos complicaciones para la salud?

Los adolescentes deberían aprender a hablar abiertamente sobre este tema y poder «negociar» con su pareja el uso del preservativo o de otro método anticonceptivo. Para ello, deberán conocer cuáles son los más seguros y convenientes según cada caso.

Es importante destacar que basta una sola relación sexual —así sea la primera— para que la mujer pueda quedar embarazada, porque, como ya se explicó, puede encontrarse un ovocito maduro en las trompas de Falopio.

Como existen diferentes tipos de métodos anticonceptivos, a la hora de elegir se requiere poseer la suficiente información acerca de todos, pues algunos sólo son efectivos para la prevención del embarazo y otros sirven para evitar el contagio de las ITS y el SIDA. De todos modos, cualquiera sea el método elegido, una de las condiciones más importantes es que se use en forma correcta y regularmente.

Los métodos anticonceptivos más seguros

¿Cuál es el método anticonceptivo más seguro para los adolescentes? ¿Por qué? (Ana, 16 años).

El preservativo es el método anticonceptivo más seguro, pues no sólo evita embarazos accidentales, sino que constituye una verdadera barrera frente al virus del VIH y otras ITS.

Preservativo masculino (también llamado condón, forro)

¿Cómo se coloca el preservativo? ¿Se puede colocar más de un preservativo en el momento de tener relaciones? ¿Qué hacer para que no se rompa el preservativo?

El preservativo impide la fecundación, ya que el semen no puede llegar a las trompas de Falopio, donde se podría llegar a encontrar con el ovocito, porque el hombre eyacula dentro del preservativo. Se trata de un método «de barrera» que consiste en una funda de látex (también hay de poliuretano), que se coloca sobre el pene erecto. Al desplegarlo, hay que asegurarse de que llegue hasta la base del pene.

El preservativo es un método económico y fácil de conseguir, pues es de venta libre. Actualmente, existe una gran variedad de modelos, de diversos colores y texturas, saborizados, y de diferentes tamaños y grosores. Algunos tienen espermicida y brindan una protección extra.

Es muy importante controlar la fecha de vencimiento antes de comprar un preservativo y revisar que el envoltorio no esté rasgado o roto. No se debe usar crema o vaselina para lubricarlo, sólo sirven los lubricantes solubles al agua.

Algunos hombres se resisten a usar un preservativo, porque dicen que disminuye su sensibilidad durante el acto sexual con penetración, pero dado que es el único método anticonceptivo que evita embarazos accidentales y que previene al cuerpo de ITS y del SIDA, es recomendable acostumbrarse a utilizarlo.

Respecto del uso de doble preservativo masculino durante el coito, las opiniones son controvertidas. Los especialistas que recomiendan no usar doble preservativo, se basan en el hecho de que se produce una fricción entre ambos preservativos que puede llegar a romper el látex, facilitando el pasaje de esperma al compañero/a sexual. En cambio, otros lo aconsejan en situaciones de riesgo frente al virus del VIH y otras ITS.

¿Cómo se usa el preservativo masculino?
Así se usa correctamente el preservativo

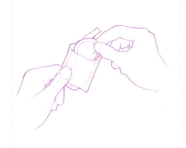

- Retirar un preservativo nuevo del estuche. El preservativo debe ser colocado al principio de la relación sexual, es decir, durante la fase de excitación o juego amoroso, ya que el líquido preseminal liberado por el pene, ni bien se produce la erección, contiene espermatozoides. Hay que evitar que dicho fluido entre en contacto con la vagina.

- Colocarlo en la punta del pene cuando está erecto. Apretar la punta del preservativo para que salga todo el aire antes de colocarlo ya que ese lugar será luego ocupado por el semen. Se debe recordar que el semen puede deslizarse por la base del preservativo y tocar la vulva durante una penetración muy profunda o durante la manipulación del pene en el juego sexual.

- *Desenrollar el preservativo asegurándose que llegue hasta la base del pene. Se puede usar espuma o jalea anticonceptiva especial para condones (deben ser solubles en agua). En algunos casos, los preservativos ya vienen lubricados.*

- *Ahora el pene está preparado para el coito o sexo oral.*

- *Después de la eyaculación, se debe sostener el borde del preservativo y sacar antes de que el pene pierda la erección o que esté fláccido. Así, no se derrama semen ni en la vulva ni en la vagina. Deslizar el preservativo hacia fuera sin derramar el semen. Se debe atar y envolver el preservativo si es posible en papel y luego tirarlo en un tacho de basura.*

- *Atar, envolver en papel si es posible y luego tirarlo en un tacho de basura. El preservativo a utilizar en cada coito o relación sexual debe ser nuevo.*

¿Cuáles son sus ventajas?

- *Protege contra infecciones de transmisión sexual, SIDA, embarazos accidentales y/o no deseados.*
- *Tanto hombres como mujeres lo pueden comprar sin límite de edad.*
- *Tiene un alto grado de eficiencia: 90%. O sea, que en un año, podrán producirse un 10% de embarazos accidentales, utilizando preservativos en todas las relaciones sexuales. Aumenta su efectividad cuando la mujer usa simultáneamente un anticonceptivo vaginal, como óvulos o espuma.*

Preservativo femenino

¿Es verdad que existen preservativos femeninos? ¿Cómo son? (Lea, 16 años).

El preservativo femenino consiste en una delgada bolsa de poliuretano de aproximadamente quince centímetros de largo que tiene dos anillos flexibles, uno exterior que cubre la vulva, e impide el paso del semen al cuello uterino, y otro interior, flexible, que facilita la inserción y la retención del dispositivo. El contacto sexual se produce en la cavidad del preservativo. En general, ya contienen lubricantes; en su defecto deben agregarse.

Previene embarazos y constituye una barrera efectiva respecto del VIH y de otras ITS.

No es tan fácil conseguir el preservativo femenino y resulta más costoso que el preservativo masculino, pero es igualmente eficaz.

¿Cómo se coloca el preservativo femenino?

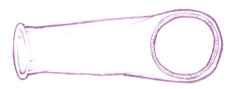

El preservativo femenino consiste en una delgada bolsa de poliuretano aproximadamente de 15 cm.

El envoltorio se debe abrir a la altura de la flecha (lado derecho, arriba). Para colocar el preservativo la mujer debe estar en una posición cómoda. Puede ser de pie, con un pie encima de una silla; sentada, con las rodillas separadas, agachada o acostada. Se debe sostener el preservativo con el anillo externo colgando hacia abajo. Luego, se debe apretar el anillo interno e introducirlo en la vagina. Con el dedo índice se debe empujar el preservativo lo más profundamente posible. El preservativo debe cubrir el cuello del útero y recubrir la vagina.

El anillo externo tiene que quedar unos 3 cm fuera de la vagina. La parte que queda hacia afuera sirve para aumentar la protección.

Cuando la colocación del preservativo concluye, se debe guiar al pene con la mano hacia adentro de la vagina. Con el movimiento del pene es normal que el preservativo se mueva. Si se siente que el anillo externo está siendo empujado hacia adentro, se debe sostener o colocar más lubricante.

Una vez terminada la relación sexual, se debe retirar el preservativo apretando el anillo externo y retorciéndolo para mantener el esperma en el interior del preservativo. Luego se deberá tirar hacia fuera, delicadamente. No se debe volver a usar el mismo preservativo; se deberá tirar a la basura.

Algunas recomendaciones

- *Siempre se deberá leer la fecha de validez del producto. Con fecha vencida, el preservativo no es seguro.*
- *El envoltorio sólo se deberá abrir cuando se vaya a usar el preservativo.*
- *Al contrario de lo que sucede con el preservativo masculino, que sólo puede ser colocado con el pene rígido y debe ser retirado antes de que este pierda su rigidez, el preservativo femenino puede ser colocado antes de la relación sexual (hasta ocho horas antes) y puede ser retirado tranquilamente después de la relación. Se recomienda retirar el preservativo femenino antes de dormirse o de cambiar de posición o de levantarse. De esta manera, se evita que el esperma se escurra desde el interior del preservativo.*
- *El preservativo femenino es descartable; debe ser arrojado a la basura al final de la relación sexual.*

Píldoras (anticonceptivo hormonal oral)

¿Cuál es la ventaja de la píldora anticonceptiva?

Las píldoras más usadas contienen hormonas sexuales femeninas (progesterona y estrógenos) que impiden que la mujer ovule (producción de ovocitos en el ovario). Al no existir ovulación no hay posibilidades de embarazo, por lo que se trata de un método seguro.

Las píldoras pueden ser tomadas por casi todas las mujeres, aunque hay excepciones, por eso siempre deben ser recetadas y su uso debe ser controlado. En algunos casos hay mujeres que no toleran una de las dos hormonas que contienen las pastillas anticonceptivas, que son fabricadas «artificialmente». Otras veces, pueden sentirse mareadas y/o subirles la presión. En cualquiera de esos casos, el médico deberá decidir si es conveniente cambiar de método anticonceptivo o tomar alguna píldora cuya fórmula contenga menor proporción de la hormona que provoca intolerancia.

Para ser eficaces, estas pastillas deben ser ingeridas muy regularmente, siguiendo las indicaciones que acompañan cada tipo. Todas son de ingestión diaria.

La efectividad de las píldoras anticonceptivas es muy alta. El promedio real de seguridad es del 90 al 96%.

Su falta de efectividad se debe a:

- *Interrumpir su toma. A veces, ocurre que a algunas mujeres se les dificulta recordar que tienen que tomar la píldora todos los días. En otras ocasiones no se acuerdan si ya la tomaron. Una ayuda para adquirir el hábito es tomar la píldora junto con otra actividad de la rutina diaria, como por ejemplo al acostarse a la noche, con el desayuno, etc.*
- *Algunos medicamentos, como ciertos antibióticos, son capaces de inhibir su acción.*

Lo más importante a tener en cuenta es que este es un método que previene embarazos no deseados, pero que no evita la infección por el virus VIH. Por eso, debería complementarse con el uso de preservativo.

Toda mujer, utilice o no la píldora, debe realizarse un examen de mamas (mamografía y/o ecografía mamaria), una colposcopía, un examen de exudado cervical o Papanicolau, cada año.

Diafragma

¿Qué es el diafragma? ¿Se lo puede usar la primera vez? (Julieta, 16 años).

El diafragma es un elemento de látex, plano y redondo, de 7 a 8 cm de diámetro. Su borde está hecho de un resorte metálico delgado, en forma de aro, cubierto de goma. Es flexible y se puede comprimir e introducir con facilidad en la vagina, sobre el cuello uterino. No deja que el esperma pase al útero y entre en contacto con un ovocito.

No, no se puede utilizar el diafragma cuando una joven se inicia sexualmente o tiene su primera relación sexual con penetración, porque sólo puede usarse una vez que el himen no está presente. Como se observa en la ilustración acerca de su colocación, el diafragma se introduce en la vagina hasta el cuello uterino.

¿Cómo se usa el diafragma?

Colocación del diafragma

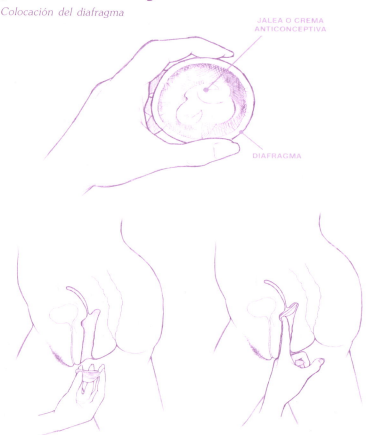

Sólo el ginecólogo/a puede indicar el tamaño del diafragma que necesita cada mujer, según su anatomía. Se inserta en la vagina, antes del coito, de manera que cubra la entrada al útero. El lado que queda pegado al cuello o cérvix debe estar bien cubierto con jalea o espermicida, así impide la entrada del semen.

Al quitarlo, debe lavarse bien y guardarse en un estuche seco y con talco. Si no tiene defectos, el diafragma puede utilizarse por uno o dos años.

Después de un parto o una operación pélvica, el útero puede cambiar, por lo que es necesario consultar al médico para que decida si se debe seguir empleando el mismo tamaño de diafragma.

Cuando está colocado de manera correcta en el fondo vaginal, obturando la entrada del cuello uterino, tiene una efectividad muy alta. Su efectividad aumenta considerablemente con el uso de una jalea espermicida (que destruye los espermatozoides). Este método anticonceptivo carece de efectos secundarios, pero no se debe dejar colocado por más de ocho horas.

El diafragma tiene una eficiencia del 75%. Este dato incluye a las mujeres que por descuido no se colocaron el diafragma en cada relación sexual; las que no utilizaron la jalea o espermicida; y aquellas que no agregaron una cantidad adicional de espermicida durante el coito a más de cuatro horas de haber colocado inicialmente el diafragma.

El diafragma es un anticonceptivo mecánico, de barrera, que impide la fecundación ya que el semen no puede llegar a las trompas de Falopio, pero no evita la infección por el virus del VIH y otras enfermedades de transmisión sexual.

Espermicidas

¿Se puede usar sólo espermicidas como método anticonceptivo? (Paula, 15 años).

Los espermicidas son sustancias químicas que evitan que los espermatozoides lleguen a la cerviz. Existen diferentes presentaciones: gel, óvulos, supositorios, crema, espuma.

No conviene utilizar únicamente los espermicidas como método de barrera pues tienen un bajo nivel de eficacia, pero asociados con el diafragma, el DIU o el preservativo son muy efectivos. Esta combinación brinda una seguridad cercana al 100%.

¿Cómo se utilizan?

La mayoría de los espermicidas se introducen con los dedos o con un aplicador delgado de plástico hasta el interior de la vagina, no más de quince minutos antes de tener el coito y no debe higienizarse la vagina hasta pasadas las seis u ocho horas. Si se vuelve a tener una relación sexual, se debe utilizar otro espermicida.

Es fundamental tener en cuenta que no evitan la infección por el virus VIH.

Dispositivo intrauterino (DIU) o espiral

¿El DIU es lo mismo que el diafragma? ¿Cada cuánto tiempo se cambia? (Susana, 16 años).

El DIU no es lo mismo que el diafragma. Es un dispositivo que puede tener formas diversas: espiralada, como una «t», de herradura, etc. Es metálico (de cobre) o de plástico.

El dispositivo intrauterino produce una secreción en la mucosa uterina de manera que previene el embarazo al impedir la anidación del huevo. Es altamente eficaz porque el metal inhibe la movilidad del espermatozoide e impide el ascenso hacia las trompas de Falopio.

Por lo general, el DIU se inserta durante la menstruación, ya que en este tiempo la abertura del cuello es más flexible. Se cambia cada tres, cinco o siete años.

Evita la fecundación y obstaculiza la anidación de la célula huevo o cigoto, pero no evita la infección por el virus VIH.

¿Cómo se coloca el DIU?

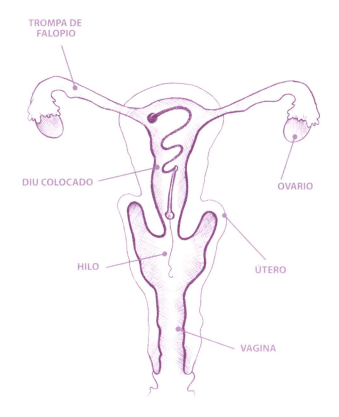

Ubicación correcta del DIU

El DIU sólo puede ser colocado por un ginecólogo/a, que lo inserta a través de la vagina, en la cavidad del útero. El mismo médico debe revisar el dispositivo al mes de su inserción y luego cada seis meses para comprobar su correcta colocación y su estado.

Métodos quirúrgicos

¿Hay mujeres que se operan para no quedar embarazadas u hombres que lo hacen para no dejar embarazadas a sus parejas? (Juan, 16 años).

Sí, ambas situaciones ocurren. Los métodos quirúrgicos son intervenciones que consisten en ligar, obstruir o cortar estructuras genitales relacionadas con la fecundación. Son altamente eficaces (100% de eficacia), pero como estas intervenciones pueden ser irreversibles, no son métodos aconsejables para adolescentes.

Vasectomía: consiste en cortar los conductos deferentes impidiendo así el paso de los espermatozoides de los testículos al pene, de esta manera el hombre, al eyacular, expulsa semen que no tiene espermatozoides.

Ligadura de trompas: consiste en cortar, atar o cerrar las trompas de Falopio, impidiendo de esta manera el paso del semen que contiene los espermatozoides.

Implante subdérmico

¿Qué es el implante subdérmico? (Julián, 16 años).

Este implante consiste en pequeñas cápsulas de silicona que contienen hormonas (principalmente progesterona) que se colocan debajo de la piel (en el brazo, cerca de la muñeca) mediante una pequeña incisión. Su efecto tiene una duración de cuatro años y al retirar el implante, se recupera la fertilidad. La parte adhesiva contiene los principios activos que se liberan de forma continua a través de la circulación sanguínea. Pertenece al grupo de anticonceptivos hormonales combinados. Se debe consultar con el médico para empezar a utilizarlo. No protege contra las ITS ni el SIDA.

Inyecciones hormonales

¿Qué son las inyecciones hormonales? (María, 15 años).

Se trata de un compuesto hormonal (DepoProvera) que contiene progestina (un derivado de la progesterona). Consiste en una inyección intramuscular que se administra cada tres meses y que inhibe la ovulación como otros métodos anticonceptivos hormonales. Debe colocarse en un centro de salud y se usa independientemente del coito.

Entre sus desventajas se puede señalar que algunas mujeres presentan ciclos menstruales irregulares o aumentan de peso. En casos de efectos colaterales se pueden suspender. Este método previene embarazos pero no protege al organismo de las infecciones de ITS o VIH.

Métodos inseguros, no efectivos o ineficaces

A continuación, hablaremos de aquellas prácticas muy difundidas culturalmente pero que no son métodos anticonceptivos.

¿Si «acabo afuera» no embarazo a una chica, no? (Juan, 15 años). ¿Podés quedar embarazada si el varón «se retira» (coito interrumpido)? (Paula, 14 años).

El coito interrumpido

También se lo denomina *coitus interruptus* o «retirarse», pero no debería ser considerado un método anticonceptivo, aunque suele ser utilizado como tal. Se basa en «acabar afuera» (eyacular) de la vagina, teóricamente para que los espermatozoides no lleguen al útero. Pero, durante la excitación sexual, el hombre libera líquido preseminal que sí contiene espermatozoides. Este líquido se libera antes de eyacular y de retirar el pene, por lo tanto, una mujer puede quedar embarazada aún si su pareja «se retira» o «acaba afuera».

Es alta la cantidad de embarazos no deseados que se producen por utilizar este método, pero también los problemas de placer, tanto en hombres como en mujeres, ya que disminuye el deseo y la motivación, pues la mente está permanentemente «ocupada» en evitar la eyaculación dentro de la vagina. Además, el líquido preseminal puede contener partículas de VIH, y de otras enfermedades si el hombre estuviera infectado.

Ducha o utilización del bidet post-coito

¿Si tengo relaciones y me lavo inmediatamente en el bidet puedo «zafar» de quedar embarazada? (Ariela, 16 años).

Hace tiempo se recomendaba este método porque se lo consideraba seguro. Pero por el contrario, la ducha favorece, por medio del «chorro de agua», el traslado de los espermatozoides eyaculados dentro de la vagina hacia el útero.

Además, el agua puede contaminar el útero con las bacterias y hongos que se pudieran encontrar en la vulva o en el agua.

Método del ritmo, calendario o de Ogino y Knaus

¿Puede una joven armar su calendario de ciclo menstrual durante 12 meses, medirse matinal y cotidianamente su temperatura corporal y observar una muestra de su moco cervical? ¿Puede llevar los tres registros en un cuadro y no equivocarse? ¿Es una manera «natural» y llevadera de desear tener relaciones sexuales satisfactorias? ¿Y de prevenir embarazos? ¿Por qué este tipo de métodos no son aconsejables?

Este método se llama así, porque fueron K. Ogino (Japón) y H. Knaus (Austria) quienes demostraron que 14 días antes de la menstruación la mujer libera un ovocito que puede sobrevivir hasta dos días en las trompas de Falopio. Como los espermatozoides pueden vivir hasta cinco días en un medio adecuado, el período de fertilidad de la mujer se limitaría. Pero, sabemos que la duración del ciclo menstrual varía de una mujer a otra. Además una misma mujer puede tener ciclos menstruales de diferente duración.

A este método se lo conoce también como «método del ritmo» o, «del calendario», porque consiste en no tener relaciones sexuales durante los días que se calculan como supuestamente fértiles de la mujer. Los días infértiles o seguros, se calculan sobre la base de la duración de los ciclos menstruales de la mujer durante un año.

Este método implica controlar durante 12 meses (un año) las variaciones que se producen entre ciclos menstruales para poder calcular las posibles fechas de ovulación. La posibilidad de fecundación se calcula entre las 12 y 24 horas luego de la expulsión del ovocito (durante la ovulación). Pero no basta con abstenerse durante este período, pues en primer lugar se estima que el espermatozoide puede fecundar al ovocito hasta 72 horas después de depositado en la vagina. En segundo lugar, es muy difícil establecer el día exacto en que se produce la ovulación, ya que los ciclos hormonales femeninos varían de acuerdo con influencias psíquicas, contextuales (como viajes de un hemisferio a otro, cambio de husos horarios), estrés, etc. Hasta se describen casos de ovulaciones en el período menstrual mismo, que pueden dar lugar a embarazos imprevistos.

Método de la temperatura basal

Este método consiste en medir diariamente la temperatura basal rectal de la mujer antes de levantarse de la cama. Dicho dato se anota y luego se controlan los datos registrados. La temperatura corporal asciende aproximadamente medio grado después de producirse la ovulación (a más de 37 °C), y se mantiene constante hasta la menstruación. Teóricamente, a partir del segundo día comienza el período infértil, o sea tres días después del aumento de temperatura. Durante esos tres días, el ovocito puede ser fecundado, pero el día de mayor fertilidad es el anterior al ascenso de temperatura.

Este es un método poco práctico ya que no es fácil diseñar un calendario de ciclo menstrual preciso sobre la base de la medición de la temperatura basal.

Curva de la temperatura basal

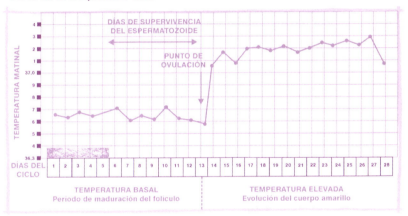

Otros métodos poco eficaces

Existen otros métodos, como el del moco cervical o de Billings, que implican tener relaciones sexuales sólo durante las etapas del ciclo menstrual en las cuales la mujer no puede embarazarse. Pero esto requiere conocer los cambios en el moco cervical durante todo el ciclo menstrual. Alrededor de seis días antes de la ovulación, aumenta la secreción o el moco, por el aumento del nivel de estrógeno, y se vuelve pegajoso, más claro y se humedece más la vulva, favoreciendo la fertilidad. En cambio, antes de la menstruación, los niveles de estrógeno descienden, la vulva está más seca, y disminuye la probabilidad de embarazo.

Es una variante del método del ritmo, pero es poco práctico, pues tampoco es fácil observar el mucus cervical propio. No es muy confiable y da como resultado una alta tasa de embarazos.

Anticoncepción de emergencia o «píldora del día después»

¿Qué es la «píldora del día después»? ¿Cuál es la diferencia con otras pastillas? Si tuve relaciones anoche sin cuidarme, ¿hoy puedo tomarla? (Mirta, 16 años).

La píldora anticonceptiva de emergencia o «del día después» es un método usado para prevenir un embarazo no deseado, cuando falla el método anticonceptivo utilizado habitualmente o después de una relación sexual sin protección.

Contiene una hormona llamada «levonorgestrel», que puede actuar a diferentes niveles: impidiendo la ovulación, dificultando la fecundación del ovocito por parte de los espermatozoides y evitando la implantación del huevo en el útero.

La píldora de emergencia evita el embarazo antes de que se produzca. Cuanto antes se administre, tendrá mayor eficacia. Se debe utilizar dentro de las 72 horas posteriores a la relación sexual sin protección (se obtiene más de 95% de eficacia en las primeras 24 horas y 85% a las 65 horas).

Si ya existiera un embarazo, esta pastilla de emergencia no lo previene y, tampoco daña al feto en desarrollo.

Es importante que los padres aclaren a sus hijas e hijos que se trata de un anticonceptivo de emergencia, o sea, que debe ser utilizado sólo ocasionalmente. En ningún caso puede sustituir a los métodos anticonceptivos habituales. Además, es bueno recordar que los métodos de anticoncepción de emergencia no pueden evitar el embarazo en el 100% de los casos.

Por otra parte, aún si evitara el embarazo, no pueden proteger a los adolescentes de las enfermedades de transmisión sexual. Se debe recordar que el mejor medio es el preservativo.

Los métodos anticonceptivos

LOS MÁS SEGUROS
Preservativo masculino
Preservativo femenino
Píldoras anticonceptivas
Diafragma
Gel y óvulos espermicidas
Dispositivos intrauterinos (DIU) o espirales

MÉTODOS QUIRÚRGICOS
Vasectomía
Ligadura de trompas

PRESERVATIVO MASCULINO

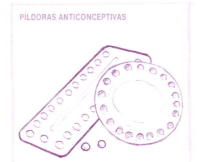
PÍLDORAS ANTICONCEPTIVAS

DIAFRAGMA

GEL Y ÓVULOS ESPERMICIDAS

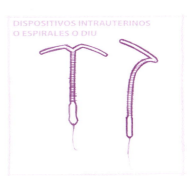
DISPOSITIVOS INTRAUTERINOS O ESPIRALES O DIU

OTROS MÉTODOS ANTICONCEPTIVOS
Implante subdérmico
Inyección hormonal

IMPLANTE SUBDÉRMICO HORMONAL

INYECCIÓN HORMONAL

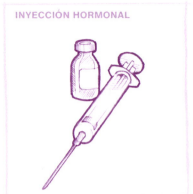

MÉTODOS INSEGUROS, NO EFECTIVOS O INEFICACES
- Método del ritmo, calendario o de Ogino y Knaus
- Método Billings o del moco cervical.
- «RETIRARSE» o «ACABAR AFUERA»

MÉTODO OGINO-KNAUS DE DÍAS

Las infecciones de transmisión sexual

CAPÍTULO 7

"Aceptar nuestra vulnerabilidad en lugar de tratar de ocultarla es la mejor manera de adaptarse a la realidad".

David Viscott

¿Qué son las ITS?

El carácter epidémico de las infecciones de transmisión sexual (ITS) pone en evidencia la dificultad de controlarlas. Algunos organismos oficiales de salud pública atribuyen el incremento de muchas de estas enfermedades al aumento de la actividad sexual sin uso de preservativo. También puede ser significativa la sustitución del preservativo (que proporcionaba cierta protección) por otros métodos de control de natalidad como píldoras y diafragma. Además, debido a la desinformación de las personas, existe la falsa creencia de que solamente los «promiscuos» o «inmorales» se pueden contagiar.

Es frecuente que se postergue la consulta médica por miedo a los análisis o por la culpa y vergüenza que pueden acompañar a las manifestaciones de estas infecciones. Esto no hace más que retardar la cura y aumentar el contagio.

Los modelos de enfermedad de transmisión sexual también cambian. La sífilis y la gonorrea fueron epidémicas en un tiempo, pero el uso masivo de la penicilina consiguió un control moderado sobre la sífilis. La atención se centró entonces en el control de la gonorrea, y en ese momento empezó nuevamente a aumentar la frecuencia de aparición de la sífilis. Subieron también, en las décadas de 1970 y 1980 el herpes genital y la infección por *Chlamydia*.

Aunque muchos piensan que se pueden curar con remedios caseros, el tratamiento básico de las infecciones de transmisión sexual es mediante antibióticos. La penicilina ha sido efectiva contra la sífilis y la gonorrea, pero muchas personas resisten hoy la acción de este fármaco. En estos casos se reemplaza por otros.

La única forma de prevenir la propagación de las infecciones de transmisión sexual por parte de la persona infectada es identificando a los individuos con los cuales se ha tenido contacto sexual y proceder a determinar si también necesitan tratamiento.

Para saber si una persona está infectada, se puede concurrir a los centros de salud pública para realizarse un análisis, y en caso de tener una ITS, comenzar lo antes posible con el tratamiento; otros eligen acudir a un médico privado para su detección y tratamiento. Pero existen personas que por miedo o por vergüenza no concurren a ningún centro de salud —«con estas llagas no me animo a ir a un hospital...», etc.— y esto es muy peligroso pues pueden seguir infectando.

El síndrome de inmunodeficiencia adquirida (SIDA) y la hepatitis B se transmiten por contacto sexual pero también por vía sanguínea.

¿Cómo se transmiten?

Es importante saber que las ITS son infecciones transmitidas a través de contactos y de relaciones sexuales tanto vaginales, anales u orales. Las ITS pueden ser producidas por bacterias (como la sífilis), por virus (como la hepatitis B), o por parásitos (como la ladilla).

Estas infecciones se pueden manifestar en varios órganos del cuerpo y no sólo en los órganos genitales. Por ejemplo, los individuos que tienen hepatitis B no presentan síntomas en sus órganos genitales.

¿Qué son las enfermedades venéreas? (Pablo, 15 años).

En principio, a las ITS se las denominó «enfermedades venéreas»; pero más tarde se las llamó enfermedades de transmisión sexual (ETS). Recientemente, la Organización Mundial de la Salud (OMS) estipuló para estas enfermedades el nombre de Infecciones de Transmisión Sexual (ITS), ya que muchas de ellas no presentan síntomas manifiestos aunque perdure la infección.

El SIDA puede transmitirse sexualmente pero también a través de otras vías, como la sanguínea y la vía vertical (madre-hijo/a), de ahí que no se considere solamente como una ITS.

Las ITS y el SIDA representan una de las deficiencias de la salud pública a nivel mundial, esencialmente porque:

1) Se trata de enfermedades extremadamente frecuentes (1 millón de nuevos casos/día en el mundo).

2) Representan, además de las pérdidas de vida humana, una inversión económica alta, en sus diversas fases: prevención, tratamiento y control.

Todas las ITS pueden prevenirse a través de un comportamiento responsable, y la mayor parte de ellas se pueden combatir con un tratamiento médico eficaz y con fármacos.

¿Por qué una persona se puede contagiar sífilis o gonorrea? (Pablo, 15 años).

En primer lugar, por mantener relaciones sexuales sin utilizar preservativo y con un individuo infectado.

En muchos casos una persona puede estar infectada y no saberlo. Del 70 al 80% de las infecciones de ITS pasan desapercibidas durante mucho tiempo, ya que la aparición de sus síntomas es tardía. Además, constituyen importantes tabúes respecto de la sexualidad. Las inevitables interferencias de orden psico-social, religioso o aún políticas, dificultan la reducción y las normas de prevención de estas enfermedades.

Además, es bueno recordar que no existen vacunas para prevenirlas, con excepción del caso de la hepatitis B.

¿Cómo combatirlas?

Se proponen dos frentes complementarios:

1) La prevención activa: todas las ITS pueden ser prevenidas fomentando la responsabilidad respecto del comportamiento sexual y del uso de drogas.

2) La investigación científica: puede proveer medios más sensibles y menos costosos, nuevos tratamientos y en ciertos casos vacunas. Estas estrategias sólo serán exitosas si van acompañadas por una buena información.

¿Cómo prevenirlas?

¿Qué puedo hacer para no contagiarme una ITS cuando tengo relaciones sexuales con diferentes mujeres? (José, 16 años).

- Si se utiliza preservativo en todos los contactos y relaciones sexuales, la posibilidad de contraer una ITS es mínima.
- Al aumentar la promiscuidad sexual, es mayor la incidencia de las ITS en la población.
- El cuidado de la salud general de una persona incrementa la resistencia a contraer estas infecciones.
- Si una persona presenta algunos de los siguientes síntomas, debe visitar a un médico e interrumpir todo tipo de contacto sexual: ardor al orinar, dolores persistentes en los ganglios o zona pélvica, verrugas o hinchazones, llagas dolorosas o indoloras de cualquier aspecto, picazón, secreciones abundantes blancas, verdosas o amarillentas.
- Para determinar una de estas infecciones oportunamente o para descartarlas, es importante realizarse un chequeo ginecológico o urológico anual o semestral. En caso de registrarse algunos síntomas entre un chequeo y otro, es importante no retrasar la consulta médica, porque esos síntomas pueden desaparecer en pocas semanas sin que ello implique que la persona se curó. Por otra parte, es importante chequear a las personas con quienes se ha tenido contacto sexual y saber si han padecido una ITS o, en el caso contrario, para que acudan a una visita médica. En estos casos, se impone una interrupción de contacto sexual hasta terminar todo el tratamiento.
- Se deben seguir estrictamente las indicaciones médicas respecto de la toma de los medicamentos, la frecuencia, la cantidad y la duración. Se deben continuar los controles médicos hasta recibir el alta por parte del médico, aunque no se observen los síntomas. Se debe recordar que los agentes causales de estas ITS pueden quedar en estado latente.
- Lavarse bien las manos después de orinar y no tocarse los ojos para evitar, por ejemplo, una conjuntivitis.
- No compartir toallas.

Las ITS más frecuentes en la Argentina

- *Gonorrea o blenorragia.*
- *Sífilis.*
- *Herpes genital.*
- *Condilomas o papilomas.*
- *Hepatitis B.*
- *Clamidiasis.*

La gonorrea o blenorragia

Un amigo tiene gonorrea, ¿cómo se da cuenta uno? (Martín, 16 años).

La gonorrea es causada por el gonococo, una bacteria cuyo nombre científico es *Neisseria gonorrhoeae*. Es la más frecuente de las ITS y se transmite casi siempre por vía sexual, pues las bacterias que infectan sólo pueden sobrevivir fuera del cuerpo unos segundos (necesitan lugares cálidos y húmedos como el pene, la vagina, la garganta, el ano o los ojos).

En las mujeres, por lo general, no se presentan síntomas, pero en los casos en que sí aparecen, lo hacen a los diez días. Dichos síntomas son: orina más frecuente y con ardor; menstruaciones irregulares; flujo amarillento; inflamación de la vulva; dolor de garganta.

En cambio, en los hombres, los síntomas se manifiestan de uno a catorce días después de ser infectados. Y se caracterizan por sensación de dolor y aspereza en la uretra al orinar, y/o en la garganta, hormigueo y una secreción lechosa amarillenta; dolor, secreción y sangrado del ano; picazón y/o secreciones en los ojos.

Esta ITS se diagnostica a partir del flujo vaginal o de la uretra, a través del microscopio. Se trata con antibióticos que ambos miembros de la pareja deben tomar simultáneamente.

Después de una relación sexual con una persona infectada, y sin usar preservativo, la posibilidad de contraer esta infección es de aproximadamente 45%. Pero también una mujer puede transmitir esta enfermedad a su hijo durante el embarazo o el parto. El bebé puede tener infecciones en los ojos y hasta ceguera si no se le administra el tratamiento preventivo (gotas oftalmológicas específicas).

Es importante aclarar que una infección de gonorrea no significa haber desarrollado inmunidad respecto de nuevas infecciones. Una misma persona puede volver a infectarse al estar en contacto con la bacteria a través de relaciones sexuales sin protección. Después de algunos años, hay pacientes que se hacen resistentes a algunos antibióticos, como los derivados de la penicilina.

Sífilis

¿Qué es la sífilis? (José, 16 años).

Esta enfermedad infecciosa es causada por la *Treponema pallidum*, una bacteria con forma de espiral. Las bacterias que causan la sífilis entran al cuerpo a través de erosiones de la piel o mucosas, dispersándose a través de la sangre. Este agente es poco resistente fuera del cuerpo, y susceptible al calor e incluso al agua y al jabón, por lo tanto no puede contraerse en baños ni a través del uso de toallas.

Por el contrario, se transmite por las siguientes vías:

- *Vía sexual:* las bacterias penetran a través de las relaciones sexuales.
- *Vía sanguínea:* la sangre transporta unas bacterias con forma de espiral llamadas «espiroquetas» hasta los ganglios y otros órganos.
- *Vía madre-hijo/a:* durante embarazo y/o parto.

Pocas semanas después de la infección se observa una lastimadura llamada «chancro sifilítico», ovalada o redonda, rojiza, no dolorosa y está acompañada por un aumento de los ganglios cercanos a la lesión; se puede sentir como un botón debajo de la piel en los genitales, y a veces en la boca, pechos u otros lugares del cuerpo. Estas son manifestaciones de la «sífilis primaria». En esta etapa, la infección se puede curar con antibióticos, en menos de veinte días, sin dejar secuelas. Por eso es importante la consulta médica ante los primeros síntomas.

Luego de una a cinco semanas, la lesión desaparece, aunque no haya sido tratada. A pesar de esto, el proceso infeccioso continúa y entre cinco y seis semanas aparecen manchas en la piel y mucosas, con gran posibilidad de contagio. Estas manifestaciones constituyen la «sífilis secundaria». En esta etapa, el paciente puede presentar fiebre, dolores articulares, y un malestar general. Estas lesiones también pueden desaparecer en un mes sin haber sido tratadas.

Pero si la sífilis no fue tratada puede seguir evolucionando y luego de dos a cuatro años pueden perjudicar piel, mucosas y órganos mediante lesiones con alto grado de destrucción.

Actualmente, estas complicaciones tardías, que constituyen la «sífilis terciaria», presentan una baja frecuencia gracias al eficaz tratamiento. La infección puede llevar a daños cerebrales, cardíacos y renales, sordera y ceguera. El contagio del bebé durante el embarazo puede causar defectos de nacimiento, o la muerte del bebé al nacer.

Se diagnostica principalmente a través de un análisis denominado VDR (*Venereal Disease Research*), que mide los anticuerpos producidos al tomar contacto con el *Treponema pallidum*, bacteria causante de dicha enfermedad.

Herpes genital

El agente causante del herpes genital es un virus llamado VHS (*Herpes simplex*) que se transmite casi exclusivamente por vía sexual; pero una madre infectada puede contaminar a su hijo durante el parto. Esta es una ITS en expansión.

El virus se incuba durante veinte días y mientras el paciente no presenta síntomas.

Es una infección que se desarrolla rápidamente. Es recurrente, ya que este tipo de virus permanece en estado latente en el sistema nervioso de los infectados.

Se visualiza la infección porque aparecen síntomas similares a los de la gripe: dolor de cabeza, fiebre, una tensión o dolor en alguna zona genital. Después de unos días, se observan pequeñas ampollas o llagas dolorosas que pueden tener pus. Diez días más tarde, se secan y la costra cae. Este período es muy contagioso, de ahí que la persona no deba mantener contactos sexuales para no infectar a su pareja.

El virus del herpes puede sobrevivir sobre una toalla húmeda (fuera del cuerpo) más de una hora, por lo tanto, no es conveniente compartir toallas.

Se determina cultivando secreciones de las regiones genitales, no pudiéndose diagnosticar mediante análisis de sangre. Se trata con pomadas antivirales que reducen la gravedad de la infección. Si la infección se repite, y reaparecen los síntomas, se deberán administrar antivirales por vía oral. Se previene evitando el contacto sexual sin protección.

Condilomas o papilomas

Mi hermana tiene papilomas, ¿cómo se contagió? (Juan, 15 años).

Su transmisión es principalmente por vía sexual, aunque puede contagiarse en piscinas, baños y saunas. Esta ITS se conoce también como «infección por papilomavirus». Es causada por un virus denominado «VPH» (virus papiloma humano).

Los papilomas son estructuras de la piel que se caracterizan por un aumento del volumen de las papilas de la piel o mucosas, y porque se endurece la dermis. Son lesiones indoloras, con aspecto de verrugas, y suelen aparecer de cuatro a seis semanas después del contacto sexual, en la vagina, el cuello del útero, los testículos, el pene y el ano. Son más frecuentes en las mujeres.

El aumento en la incidencia de esta infección puede deberse al uso de métodos anticonceptivos, como el DIU y la píldora, muy eficaces para prevenir un embarazo, pero que no constituyen una barrera de protección para esta ITS.

Las enfermedades causadas por los condilomas suelen tener un largo período de latencia; esto aumenta el número de personas infectadas, pero que no tienen síntomas y que ignoran su situación e incrementan así el riesgo de transmisión y contagio.

Las lesiones son invisibles a simple vista y se diagnostican con ayuda del microscopio (colposcopía). Es importante el diagnóstico precoz de las manifestaciones a fin de tratarlas antes de que degeneren, y que puedan provocar cáncer de cuello de útero en las mujeres.

Esta infección se empezó a detectar en el siglo XX, junto con el herpes genital, la hepatitis B y el SIDA. Como es de origen virósico, los antibióticos no la curan.

El tratamiento se basa en la destrucción de las lesiones. Estas pueden tratarse con pomadas, criocirugía (tratamiento quirúrgico mediante el uso de instrumentos, con temperaturas extremadamente frías para congelar y destruir el tejido anormal), con electrocoagulación o con láser. No es fácil eliminarlas, pueden dar lugar a procesos cancerosos y por eso es necesario el control médico continuo.

Se aconseja no tener contactos sexuales durante el tratamiento, para que las lesiones cicatricen y evitar una reinfección.

Hepatitis B

Esta ITS es causada por el virus VHB (virus de la hepatitis B) que se encuentra en la sangre, en el semen, en el flujo vaginal y en otras secreciones de la persona infectada.

Se transmite por vía sanguínea, por contactos sexuales y por transmisión vertical (madre-hijo/a).

Las manifestaciones de esta ITS se dan en el hígado. Los síntomas iniciales son parecidos a los de la gripe. Luego, se produce icteria —piel y «blanco» de los ojos color amarillento— y se oscurece la orina. Los síntomas aparecen de seis semanas a dos meses después del contacto sexual.

Se diagnostica mediante análisis de sangre. Mientras se detecte la presencia del virus, el paciente puede transmitir la enfermedad, por lo tanto, no debe tener contactos sexuales.

Como otras infecciones virósicas, su tratamiento no consiste en antibióticos, ya que estos no destruyen los virus; por eso es necesario el descanso, una dieta especial y no consumir alcohol. También existe una vacuna exitosa contra la hepatitis B que está incorporada a la vacunación oficial en la Argentina.

Clamidiasis

Esta enfermedad infecciosa es causada por una bacteria denominada *Chlamydia trachomatis*. Es una enfermedad común, pero muchas personas no saben que están infectadas, porque nunca notaron los síntomas. Se transmite casi exclusivamente por vía sexual.

Una de las consecuencias más graves de esta infección es que puede causar esterilidad masculina y femenina. También puede infectar los ojos y el ano.

Su aparición se produce de una a tres semanas después de haberse infectado, y los síntomas que se presentan pueden ser: sensación de dolor o ardor al orinar; sangrado entre períodos menstruales; sangrado vaginal después de tener relaciones sexuales; inflamación o dolor en los testículos.

Un recién nacido contaminado por su madre en el parto puede desarrollar una enfermedad ocular o pulmonar grave.

Se determina a través de un análisis de orina o de la mucosa del cuello uterino.

Se trata con antibióticos, tomados simultáneamente por ambos miembros de la pareja.

VIH / SIDA

*"Porque nunca pensé que perdería,
yo sólo pensé que ganaría.
Yo nunca soñé que sentiría
este fuego bajo mi piel.
Yo no puedo creer que usted me ama,
yo nunca pensé que usted vendría.
Yo supongo que juzgué mal el amor
entre un padre y su hijo".*

"La última canción",
Elton John

¿Qué es el SIDA?

S = *Síndrome (síntomas y signos)*
I = *Inmuno*
D = *Deficiencia*
A = *Adquirida*

El SIDA es una enfermedad infecciosa que ataca al sistema inmunológico. Es una sigla que designa al Síndrome de InmunoDeficiencia Adquirida.

Es entonces el conjunto de síntomas y signos adquiridos que se producen en una persona infectada con el virus de VIH (Virus de Inmunodeficiencia Humana) o HIV (por sus siglas en inglés) y que, debido a esta infección, su sistema inmunológico se encuentra deficiente.

Síndrome

Todo síndrome es un conjunto de síntomas y signos. Un síntoma es aquello que siente o describe un paciente; por ejemplo en un paciente con gripe los síntomas serían estar decaído, resfriado, etc. En cambio, los signos son aquellas manifestaciones medibles o clasificables por el médico; siguiendo el mismo ejemplo, los signos serían la fiebre, mucosidad, etc.

En el caso del VIH/SIDA, los síntomas y signos serían entre otros: disminución de peso (superior al 10%), aumento del volumen de los ganglios (en particular de cuello, ingle, debajo de los brazos) persistente en el tiempo (que dure más de dos o tres meses), infecciones recurrentes de diferente tipo (enfermedades que están indicando problemas del sistema inmunológico o de defensas como formas graves de herpes e infecciones producidas por hongos (como *Candida albicans*), fiebres y catarros recurrentes (aparecen y desaparecen), lesiones en la piel que tardan mucho en curarse, manchas violáceas con superficie plana o levemente abultada en la piel, boca, párpados, recto.

Es importante saber que si una persona tiene solamente alguno de estos síntomas y signos no debe alarmarse ya que algunos no son privativos del SIDA sino que pueden indicar otras enfermedades leves. Pero, ante la menor duda, es aconsejable realizarse un examen anti-VIH y asistir a la consulta médica.

Por otro lado, el único signo confiable es el análisis que determina la serología del paciente (VIH + o VIH -). O sea, el examen o test de sangre que se realiza más comúnmente –el test Elisa– que determina

si se encuentran o no las proteínas que detectan al VIH, denominadas «anticuerpos anti-VIH». Existen exámenes confirmatorios –Western blot (WB), Reacción en Cadena de la Polimerasa (PCR, por sus siglas en inglés) o carga viral (CV)– que se deben hacer si el test Elisa da positivo, y consisten en detectar las partículas del VIH en la sangre del paciente. Son más específicos y mucho más costosos, por eso no se realizan desde el principio.

Inmunodeficiencia

> Santiago, de 16 años, cuenta que tiene un amigo que últimamente se enferma y su médico dice que le bajaron las defensas y le recomendó hacerse un examen de VIH. ¿Qué quiere decir que le bajaron las defensas? ¿Qué tiene que ver con el VIH?

La inmunodeficiencia implica el deterioro progresivo del sistema inmunitario o inmunológico del organismo provocado por la infección del virus VIH.

El sistema inmunológico es el sistema de defensa específico del organismo. Un grupo de glóbulos blancos (los linfocitos), que liberan unas partículas de defensa llamadas «anticuerpos», permiten que un individuo se pueda proteger frente a diferentes agentes invasores: virus (gripe, hepatitis, rabia, herpes genital, etc.); bacterias (angina, sífilis, gonorrea, tuberculosis, tétanos, etc.), y alteraciones de sus propias células (cáncer).

Adquirido

El SIDA no se transmite a través de los genes, sino que se «adquiere» al estar en contacto o al infectarse con el virus VIH.

Cualquier persona que esté en contacto con el virus es susceptible de infectarse. No existen grupos ni personas de riesgo, como se solía pensar hace varios años atrás.

La promoción de la salud debería ser el escenario central en la lucha contra el SIDA.

En la actualidad, aún no se ha encontrado una cura para esta infección ni se ha desarrollado una vacuna; por eso la prevención a través de la información adecuada, la adopción de medidas apropiadas y una educación sexual que supere las barreras de la vergüenza, es la mejor opción para hacerle frente a esta enfermedad.

¿Se puede hablar de VIH/SIDA sin hablar de otros temas sexuales?

Es sumamente importante informar y ayudar a sus hijos e hijas a adoptar nuevas actitudes y comportamientos respecto de este tema. Lo primero que se debe llevar a cabo es aclarar a los adolescentes la información que se transmite en los medios de comunicación y la que circula entre sus pares, tanto sobre el virus, la enfermedad, como sobre los tratamientos de esta infección, para no generarles falsas expectativas, como «no necesito cuidarme porque total ahora el SIDA se cura». El SIDA no se cura por el momento; sí se logra cronificar la enfermedad en muchos casos (si no surge «resistencia» a la medicación, si no se interrumpe su administración y si los efectos secundarios lo permiten).

Los primeros casos declarados de SIDA en la Argentina surgieron en tiempos en que la educación sexual era un tema ausente tanto en las escuelas como en las familias. Y hoy en día nuestro país tiene uno de los índices más altos de individuos infectados por el virus del VIH en América del Sur (OMS, 2000).

Formas de contagio y pruebas de detección del VIH

¿Cómo se contagia el VIH? ¿Por qué te «agarra» el VIH? ¿De qué manera es más fácil contagiarse el VIH/SIDA, en las relaciones sexuales o con drogas inyectables? (Javier, 16 años).

Existen tres vías de transmisión del VIH:
- *Vía sanguínea: a través de la sangre de una persona infectada.*
- *Vía sexual.*
- *Vía vertical (de madre embarazada a hijo/a).*

Debemos agregar una causa fundamental a la transmisión del VIH/SIDA: la ignorancia y la falta de información, así como no cambiar actitudes ni asumir comportamientos sexuales no riesgosos.

Transmisión vía sanguínea

¿Es verdad que las transfusiones de sangre son una de las formas más importantes de contagio? (Mariela, 15 años).

En general, muchos jóvenes creen que la principal manera de contagiarse el SIDA es a través de las transfusiones sanguíneas. Pero, no es así. En ese caso la transmisión del VIH es pasiva. Sin embargo, las causas más frecuentes de transmisión vía sanguínea son: la drogadicción intravenosa intercambiando agujas y jeringas, la colocación de aros y la realización de tatuajes sin tomar precauciones y sin utilizar material descartable; la transfusión de sangre infectada o productos derivados; la exposición accidental al VIH (entre médicos, enfermeras, otros); intercambiar objetos cortantes (máquinas de afeitar, navajas, tijeras, otros), los trasplantes de órganos o tejidos, y a través de los cepillos de dientes.

Entre adolescentes una de las causas más frecuente de transmisión es la drogadicción intravenosa por el comportamiento de riesgo que implica dicha práctica en cuanto a intercambiar agujas y jeringas. La promiscuidad sexual y las relaciones sexuales con otros adictos facilitan el contagio.

Actualmente, es menos frecuente y poco habitual la transmisión del VIH por transfusión sanguínea o de productos derivados. Al descubrirse el VIH como agente causante del SIDA, se desarrollaron análisis de detección del virus, de manera que la sangre se analiza antes de realizar una transfusión.

Para realizar trasplantes de órganos y tejidos, se seleccionan los donantes, por lo tanto el riesgo de transmisión es muy bajo.

También es posible la transmisión del VIH a través del material utilizado en acupuntura, tatuajes, colocación de aros, manicura, etc., si no está correctamente esterilizado o si no se toman precauciones adecuadas.

La exposición accidental, que ocurre principalmente entre los trabajadores de la salud, es poco relevante. El riesgo de contagio después de un pinchazo por accidente, con una aguja de inyección usada en un paciente infectado, es del 0,5%. No existe riesgo por contacto personal ni por exposición de la piel intacta a líquidos orgánicos (orina, heces, sudor, etc.). Tampoco hay riesgo en contactos familiares, laborales o ambientales.

Transmisión vía sexual

Esta vía sexual constituye otra de las causas más frecuentes de transmisión del VIH. Puede transmitirse a través de lesiones o heridas que se producen o existen en la mucosa vaginal, anal y/o bucal. El virus VIH presente en el semen o en el flujo vaginal de la persona infectada puede transmitirse vía sanguínea. La fragilidad de las mucosas explica la facilidad de este tipo de transmisión. Sólo el preservativo evita o impide el contacto del VIH del semen, o del flujo vaginal, al torrente sanguíneo durante una relación sexual.

Entre los factores que predisponen a infectarse podemos citar: el mantenimiento de contactos sexuales sin protección, sin conocer la serología del compañero/a sexual, la promiscuidad sexual, las relaciones anales receptivas.

Actualmente, las relaciones heterosexuales son el mecanismo de infección más frecuente en el mundo.

Transmisión vía vertical

¿La transmisión madre-bebé es genética? (Miriam, 16 años).

No, el virus del VIH no se transmite a través de los genes. La transmisión vertical, de madre a hijo, ocurre generalmente en el útero, por la placenta a través del cordón umbilical, durante la gestación (el bebé adquiere la infección vía congénita). También puede ocurrir durante el parto, cuando el bebé atraviesa el canal de parto. Por eso, en casos de infección, se suele realizar una cesárea programada y con una técnica que evite el contacto del niño con la sangre materna. Las madres seropositivas (VIH +) no pueden amamantar a su bebé porque pueden transmitir el VIH a través de la leche. El riesgo de que una madre infectada transmita la infección a su hijo se estima entre el 14 y el 39%.

Ignorancia y falta de información

Estos dos factores también aumentan el porcentaje de infectados. Esto implica tener relaciones sexuales sin utilizar preservativo; no colocarse el preservativo adecuadamente; intercambiar agujas, jeringas y otros elementos cortantes; utilizar el cepillo de dientes ajeno; discriminar pensando que sólo se transmite el virus VIH entre personas que integran «grupos de riesgo» (como drogadictos, homosexuales, otros) y no aceptando que sólo existen comportamientos de riesgo y que el SIDA es una amenaza para todos.

¿Qué parte del cuerpo infecta el VIH? (Luis, 16 años).

El VIH entra al organismo a través de la sangre. La sangre tiene entre otros componentes, un tipo de glóbulos blancos llamados linfocitos encargados de defender al organismo frente a diferentes agentes invasores (bacterias, virus, hongos, etc.). En general, los linfocitos eliminan dichos agentes produciendo anticuerpos. Pero, en el caso del virus VIH, este se introduce dentro de esos linfocitos y al infectarlos los invalida como «agentes de defensa» y cambia su función: los induce a producir nuevas partículas de VIH, que podrán infectar a otros linfocitos. De esta manera, el VIH introducido y replicado afecta al sistema inmunológico de ese organismo, debilitándolo y quedando susceptible a diferentes infecciones (neumonías repetidas, distintas ITS recurrentes, etc.).

¿Qué significa ser seropositivo?

El término indica que la serología del paciente es positiva. Se trata de personas a las cuales se les ha detectado anticuerpos de VIH en su sangre. Esto marca que el virus está dentro del organismo y por lo tanto la persona tiene una infección. No indica ni el grado ni el tiempo de desarrollo de la enfermedad. La persona seropositiva está infectada por el virus, es decir que puede transmitirlo, que puede infectar a otros/as.

Por eso, es importante conocer «la serología» de un posible compañero/a sexual, no importa si es conocido/a o si aparenta ser saludable.

Un individuo puede estar infectado por VIH, pero no necesariamente desarrollar la enfermedad, es decir, que puede no presentar los síntomas del SIDA. A dichos infectados se los llama «portadores».

Por eso es tan importante realizarse exámenes de VIH para conocer la propia serología y comenzar a tratarse con un médico a tiempo y evitar el contagio. Actualmente, se comienza a tratar a un paciente infectado de VIH antes que aparezcan síntomas o enfermedades oportunistas (como neumonías repetidas). El aumento de la carga viral (CV) determina el tipo de tratamiento que se debe seguir. Cuando se descontrolan los valores de la carga viral, el paciente queda expuesto a otras enfermedades. Esta evolución puede darse por diferentes razones: desconocimiento de su propia serología (no saber que uno está infectado); mala adherencia al tratamiento (por ejemplo, interrupción del tratamiento); intolerancia a la medicación; reinfecciones; problemas emocionales asociados; mala alimentación, etc.

¿En qué consiste el examen para saber si una persona tiene VIH/SIDA?

El examen mide si una persona está infectada con el virus VIH que es el responsable del SIDA. El test más utilizado es el método Elisa. Sus resultados pueden obtenerse en pocos días a partir de una muestra de sangre. En este examen se pone en contacto el suero del paciente (con el posible virus VIH), permitiendo que se forme una unión con los anticuerpos producidos contra dicho virus. Esta unión se identifica con técnicas de laboratorio.

En general, este examen es confiable, pero puede presentar cierto margen de error. Muchas veces, se obtienen resultados erróneos denominados «falsos positivos», en los cuales se pueden observar anticuerpos anti-VIH, incluso en ausencia del virus VIH. Esto puede deberse a errores en la manipulación con objetos extraños durante la práctica.

Si el resultado del examen da «seronegativo» existen otras posibles interpretaciones:

- *En la mayoría de los casos indica que la persona no está infectada con el VIH.*
- *En otros casos, puede tratarse de «falsos negativos», porque puede ser que la persona aún no haya producido anticuerpos contra el VIH, pero sí estar infectada. Por eso es conveniente repetir el examen a los seis meses y si da nuevamente «seronegativo» se puede estar seguro del resultado.*

Si el resultado da positivo, es necesario confirmarlo, primero, con otro examen Elisa. Si este vuelve a dar positivo, será necesario utilizar técnicas más complejas para detectar las posibles partículas virales y su concentración en sangre (carga viral).

¿En qué casos hay que hacerse análisis de SIDA? (Esteban, 16 años).

- Como cualquier persona puede infectarse con el virus VIH, ante cualquier duda debe realizarse un examen.
- Toda mujer embarazada debería realizarlo para poder tratarse inmediatamente en caso de ser VIH +.
- Las personas que hayan tenido alguna conducta de riesgo, como haber tenido contacto sexual sin protección, haber sufrido un accidente y haberse inyectado drogas intravenosas sin usar agujas y jeringas descartables.

¿Dónde me puedo hacer un test para saber si tengo SIDA? (Gabriela, 15 años).

En todos los hospitales y centros de salud de la Argentina. Es gratuito.

¿Qué se debe hacer cuando tenés VIH? (Juana, 16 años).

En primer lugar es fundamental asistir a una consulta médica. Además, se debe usar siempre preservativo en todas las relaciones sexuales para no entrar en contacto otra vez con el virus VIH ni contagiar a otra persona.

También, el individuo deberá cuidarse en los accidentes domésticos; y no tocar sangre de otra persona. Si hubiera sangre en el piso o en otro lugar, debe utilizar guantes de plástico descartables para limpiar o tocar a una persona.

¿A quiénes afecta el SIDA? ¿Quiénes pueden enfermarse de SIDA? (Paula, 15 años).

Para infectarse con el virus VIH basta con ser un ser humano. Cualquier persona que se exponga a comportamientos de riesgo, que no se cuide, que no se proteja, es susceptible de infectarse con el virus VIH.

El aumento de la infección por VIH vía sexual entre heterosexuales indica también un aumento de la transmisión vía vertical (madre-hijo/a) durante el embarazo y/o parto. Muchas veces, los adolescentes piensan que: «total por una sola relación no me voy a infectar». Pero es un hecho ya constatado que el riesgo de contagio de SIDA existe a cualquier edad y en cualquier tipo de relación sexual, si no se utiliza preservativo (en relaciones heterosexuales, homosexuales, bisexuales).

¿Te puede «agarrar» VIH cuando tenés sexo anal? (José, 16 años).

El virus VIH se puede transmitir también a través del contacto sexual anal, si una de las personas es VIH +. Se debe recordar que las mucosas que tapizan por dentro el ano son las mismas que tapizan el intestino. Es un tejido lábil, fino, que puede microlesionarse con facilidad. De manera que a través de esas lastimaduras se puede introducir el semen o el flujo vaginal de la otra persona y pasar al torrente sanguíneo, infectándolo. Por eso es tan importante utilizar preservativo siempre en las relaciones sexuales anales.

Si tengo sexo oral, ¿me puedo contagiar SIDA? (Mónica, 16 años).

Otro tanto ocurre en el caso del sexo oral. La mucosa que recubre la boca es delgada y en general tiene pequeñas lesiones; es habitual escuchar comentarios como: «hay que tonta, me mordí», «tengo un afta», etc. Si el líquido preseminal (que contiene partículas de VIH) o el semen de una persona infectada se introducen por dichas lesiones de la mucosa bucal, puede transmitir el VIH. Por eso, se debe colocar el preservativo desde el comienzo del juego sexual.

Si una mujer es VIH + y se embaraza, ¿su bebé nace VIH +? (Jimena, 16 años).

El bebé de una madre embarazada VIH +, tiene grandes posibilidades de nacer infectado (VIH +). Después de tres meses de vida se puede conocer la serología del bebé. Con frecuencia, el análisis se realiza en el momento del parto, pero en ese caso es probable que se detecten los anticuerpos que pasan vía materna. Estos a veces persisten hasta un año después del parto y no se pueden distinguir de los producidos por el bebé. Por eso, un niño de menos de dieciocho meses de edad puede tener un análisis VIH + y no estar infectado, pues en realidad lo que se está controlando es la sangre de su madre. Por eso, muchas veces se dice que un bebé se «negativizó», por ejemplo a los 2 años de edad, pero en realidad ese niño nunca estuvo infectado.

¿Debería ser obligatorio el examen de VIH durante el embarazo? ¿Es obligatorio en la Argentina? (Andrea, 16 años).

No es obligatorio pero sí recomendable, porque de esta manera si la madre embarazada es VIH +, se le administran drogas antivirales en los últimos meses de embarazo y a su hijo ni bien nace. De esta manera se logra disminuir la tasa de transmisión de 1 en 15 nacimientos a 1 en 5 nacimientos.

En la Argentina, numerosos ginecólogos y obstetras aconsejan o solicitan a sus pacientas realizarse un análisis para conocer su serología.

¿Es verdad que desde que hay SIDA aumentaron los casos de sífilis?

Diferentes estudios epidemiológicos han demostrado que el hecho de haber tenido una ITS se asocia con un riesgo mayor de infección por el VIH, y que las ulceraciones genitales facilitarían la adquisición del VIH

(de 3 a 5 veces más riesgo de infectarse que las personas que no las tienen). Se cree que las conductas sexuales que aumentan el riesgo de adquirir una ITS, también aumentan el riesgo de infectarse por el VIH.

Se ha descrito que los pacientes seropositivos pueden presentar problemas en el diagnóstico serológico de la sífilis debido a la posibilidad de resultados falsos (tanto positivos como negativos) de las pruebas diagnósticas.

Se recomienda que todos los pacientes con sífilis (u otras ITS) se diagnostiquen adecuadamente para descartar una infección por el VIH y que todos los pacientes con infección por el VIH se diagnostiquen adecuadamente para descartar una ITS.

¿Se puede transmitir el SIDA a través de un beso? *(Paola, 13 años).*

No. Besarse, abrazarse, bañarse con personas infectadas con VIH son conductas que no contagian.

En las personas infectadas, la saliva puede contener partículas de VIH en pequeñas cantidades, pero en la saliva hay enzimas (lisozimas) que inhiben la infección por VIH en los linfocitos.

Sólo puede transmitirse una infección por VIH a través de un beso si la persona infectada tiene una inflamación de sus encías y estas sangran. Si esa sangre entra en contacto con alguna microlesión de la mucosa bucal de la otra persona, podría llegar a transmitirle el VIH, pero esto es muy poco frecuente.

¿El SIDA puede ser transmitido de la mujer al hombre?

El virus VIH puede ser transmitido por una mujer a un hombre a través del flujo vaginal, y durante sexo oral si tiene lesiones en la mucosa bucal y el VIH de su sangre entra en pequeñas lesiones que puede tener el pene.

Normas de prevención del SIDA

- *Mantener relaciones sexuales protegidas, con preservativo.*
- *Utilizar un preservativo en cada práctica sexual.*
- *Controlar el material a utilizar en las extracciones de sangre, debe ser material descartable.*
- *La colocación de aros, tatuajes, etc., debe realizarse según las normas de seguridad recomendadas: uso de guantes de plástico y agujas descartables, material cortante esterilizado.*
- *Las prácticas médicas y odontológicas deben realizarse con guantes plásticos descartables y material esterilizado.*

Embarazos adolescentes

"Se entiende por niño todo ser humano menor de dieciocho años de edad".

Convención Internacional de los Derechos del niño.

CAPÍTULO 9

Madres y padres adolescentes

La mayoría de los llamados «embarazos accidentales» no tienen nada de accidentales. De cada 10 adolescentes embarazadas sin haberlo deseado, 8 no han utilizado ningún método anticonceptivo durante las relaciones sexuales.

La mayoría de los autores, definen como «embarazo adolescente» a aquel que ocurre antes de los 17 años. Y se considera «embarazo precoz», cuando ocurre antes de los 14 años.

En la Argentina:

- 3 de cada 10 argentinos nacen de madres menores de 20 años;
- según la Organización Panamericana de la Salud (OPS), el 16% de los nacimientos que se producen por año, corresponden a jóvenes de 15 a 17 años;
- el 0,7% de los nacimientos que se registran corresponden a madres-niñas de entre 10 y 14 años de edad;
- el 40% de los menores de 19 años no usa métodos anticonceptivos;
- en los embarazos de niñas de entre 10 y 13 años, hay habitualmente abuso sexual por parte de un adulto.
- en nuestro país, se realizan, por lo menos, 500.000 abortos anuales.

A nivel internacional, se constató que el embarazo adolescente es más alto en países con mayor índice de pobreza y entre clases sociales más vulnerables. De acuerdo con las investigaciones realizadas esta situación está relacionada directamente con el nivel de escolaridad recibido.

En la Argentina, la crisis económica y social aumentó las consecuencias de la maternidad adolescente, sobre todo en sectores que no tienen cobertura asistencial y educativa. En el área de la salud, las implicancias de esta mayor incidencia, así como las del aborto, han transformado al embarazo adolescente y/o precoz en situaciones muy problemáticas.

En la maternidad y paternidad adolescentes, intervienen factores individuales, familiares y sociales. Sus consecuencias llevan a ejercer un nuevo rol para el que no están preparados/as.

Obviamente, el mayor peso lo lleva la adolescente mujer, pero muchas veces el varón se siente presionado ante la responsabilidad de asumirse como padre y puede desertar de su escolaridad, verse obligado a aceptar trabajos que pueden implicar explotación y maltrato, entre otras situaciones.

Por lo general, los adolescentes llegan a tener una relación sexual sin premeditación y muy pocos utilizan preservativo, no sólo para prevenir embarazos, sino también para evitar el contagio de una ITS o del SIDA. De esta manera, la posibilidad de un embarazo es muy alta.

Asimismo, en una pareja de adolescentes ocurren las siguientes cuestiones:

- *En muchos casos no tienen conocimientos sobre métodos anticonceptivos y les falta información acerca de su propio cuerpo y de sus cambios.*
- *La omnipotencia y la negación también son factores clave, pensar que «por una vez no pasa nada» o «a mí no me va a pasar», es muy frecuente entre los más jóvenes.*

Florencia, de 18 años, relata:

No tenía mucha información sobre métodos anticonceptivos, nunca pensé en usarlos... ni se me cruzó que pudiera embarazarme. Pero, al mes no me vino y descubrí por un análisis que estaba embarazada. No sabía qué hacer. Me paralicé. Tenía temor de decirlo. Jamás creí que me podía pasar algo tan horroroso. Estaba cursando el último año del polimodal; no me imaginaba ni quería un bebé. Después, se lo pude contar a mi novio y decidimos que lo más prudente era un aborto. Pero, a partir de ese momento, mi relación con Felipe se empezó a desarmar. Yo lo culpaba por no haberse cuidado y dejarme embarazada, y él a mí por no haberme prevenido. Cambió todo en mi vida: estaba super nerviosa, no podía ni pensar de tanta confusión. Cuando terminó todo me alivié, pero tenía mucha culpa. Pensaba: si lo hubiera previsto y me hubiese cuidado, esto no me habría pasado.

- *No dimensionar las consecuencias de sus actos.*

Laura, de 16 años, cuenta:

> Yo tenía miedo de que si usábamos un método anticonceptivo se arruinara la naturalidad de las relaciones sexuales. Así aprendimos, pero de una manera muy fuerte, muy difícil, muy dura, que cuando hacíamos el amor sin utilizar un método anticonceptivo eficaz, de verdad sí estábamos tomando la decisión de producir un embarazo.

> - *No medir la responsabilidad y las dificultades que implica la crianza de un hijo.*

Los adolescentes, en general, ven al embarazo como un problema de las mujeres. Obviamente, ella es la que deberá hacer frente a los riegos emocionales y físicos más graves del embarazo (o aborto, si optara por esta decisión). Sin embargo, los varones también deberán enfrentar situaciones peligrosas, emocionales y jurídicas, que podrían afectarlos para toda la vida.

En la actualidad, a través de un análisis de ADN (ácido desoxirribonucleico), se puede detectar quién es el padre del bebé, y la justicia puede exigirle que ayude a mantener a su hijo. El llamado análisis de ADN o «Huellas Digitales Genéticas» es un conjunto de técnicas utilizadas para detectar sectores en la cadena de ADN que son variables en la población. Sólo un pequeño porcentaje de la información contenida en la molécula de ADN puede exhibir un cierto grado de variabilidad entre los individuos, en consecuencia, todos los seres humanos tenemos sectores de ADN en común, y otros que no lo son. Es importante que los padres y madres discutan con sus hijos e hijas adolescentes acerca de la posibilidad de un embarazo o el contagio de una ITS en las relaciones sin protección y aconsejarles que sería bueno que conversen con su pareja, aún si es ocasional, sobre cómo manejar estos temas.

Las investigaciones acerca del embarazo adolescente indican que:

> - *Se da por diferentes razones: no tener información básica para prevenir embarazos; las mujeres piensan que los varones las van a cuidar; siguen los mitos; creen que a ellos no les va a pasar; se cuidan con métodos inseguros, como el calendario o «acabar afuera».*
>
> - *El exceso de información (a partir de medios de comunicación) puede producirles un caos, por eso también es importante que los padres ayuden a procesarla. El «bombardeo» de información puede tener los mismos efectos que su falta.*

- El embarazo adolescente en edades tempranas aumentó desde 1981 (OPS).
- Cada año, aproximadamente 3.000 niñas, de entre 10 y 14 años, tienen hijos.
- Las adolescentes que no trabajan ni estudian tienen mayores posibilidades de embarazarse.
- Las adolescentes que se embarazan precozmente no encuentran en el contexto familiar, ni en la escuela, comunicación fluida respecto de temas de sexualidad.
- El embarazo adolescente es un factor de riesgo tanto para el maltrato como para el abandono infantil; esto puede reforzar el círculo de pobreza y marginación de muchas poblaciones que ya viven en condiciones de vulnerabilidad.

Por eso es tan importante que los padres establezcan canales de comunicación con sus hijos/as desde pequeños, que les otorguen la posibilidad de «tener la palabra», de ser escuchados, de charlar acerca de su proyecto propio, individual y colectivo, acompañándolos en su desarrollo, en las dudas que les plantean sus cuerpos cambiantes, de sus vínculos con otros/as, de sus gustos y deseos, ayudándolos a preguntarse acerca de las injustas pautas «naturalizadas», que reproducen marginación.

Muchas veces, las adolescentes embarazadas afirman: «mi vida tiene ahora sentido», «fue por el deseo de ser alguien», «ahora sí voy a tener algo mío, propio», «no tengo nada, ni trabajo, ni medios, lo único que puedo tener es mi bebé», «porque mi novio me insistía y me decía que se iba a ir con otra chica», etc. Pero en otros casos manifiestan cierta nostalgia por la adolescencia perdida, cuando podían salir y divertirse.

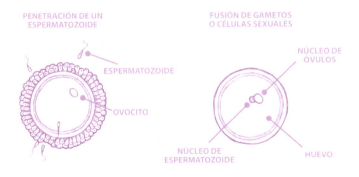

LA FECUNDACIÓN

El contexto familiar

¿Qué ocurre en el contexto familiar cuando se embaraza una hija adolescente?

Habitualmente, la adolescente se sorprende frente a una falta menstrual, y no piensa que puede estar embarazada, le resta importancia al hecho de haber tenido contactos sexuales sin protección. Cuando se realiza un test casero de embarazo o recurre a una visita médica, y el resultado del análisis resulta positivo, es muy difícil comunicar esa noticia a su novio (si la relación perdura) y/o a la persona más cercana dentro de su familia.

Al principio no recibe el apoyo que espera sino que escucha: «te vas de esta casa... sos una irresponsable»; «yo te dije que te cuidaras... ahora arreglate con Francisco, si se consideran grandecitos...»; «ni pensar en decírselo a tu padre... te mata», etc.

El embarazo adolescente incomoda a las familias, las descoloca, al estar denunciando un acto de descuido tanto individual como familiar y social, que va a afectar a la adolescente, a su futuro hijo/a y a su familia, que traerá impedimentos y restricciones en los procesos de crecimiento y de la concreción de expectativas, de proyectos. En general, la noticia de una hija adolescente y/o niña embarazada desestabiliza a la familia. Los padres pueden sentirse avergonzados, angustiados y preocupados por «el qué dirán».

Además, esas adolescentes de 15 ó 16 años tendrán muchas dificultades en hacerse cargo del hijo/a pues será difícil encontrar trabajo, muchas veces abandonan los estudios, y no es sencillo hacerse cargo de ser madres sin haberlo elegido.

La actitud de los padres es variable, pueden promover «casamientos de apuro» o desentenderse del hecho, o constituirse en «padres» del bebé que va a nacer.

En los casos en que las adolescentes-madres siguen sus estudios secundarios y reciben contención familiar y extrafamiliar, de todos modos puede surgir un conflicto, porque se les hace difícil mantener roles múltiples: esposa, madre, estudiante, hija.

Es fundamental que la adolescente embarazada acuda a un centro de salud para recibir apoyo y asesoramiento psicológico.

El núcleo familiar podría satisfacer la curiosidad de los adolescentes, ayudarlos a reflexionar acerca de los grupos de pares, de pertenencia, y fortalecer la capacidad de elegir y de hacerse cargo de sus propias elecciones. Los padres pueden hacer mucho si toman conciencia de acompañar a los jóvenes en un crecimiento basado en la escucha, en el diálogo, en el respeto mutuo, ayudándolos a llevar a cabo su propio plan de vida, cumpliendo sus deseos y practicando una sexualidad sana y placentera.

En ocasiones, los padres no están de acuerdo en explicar a sus hijos/as estas cuestiones, porque temen promover una iniciación sexual más temprana; pero las preguntas de chicos y adolescentes muestran que el desconocimiento no asegura ni la ausencia de relaciones sexuales, ni embarazos no deseados.

Algunas consecuencias del embarazo adolescente

- En primer término, cambia la situación de la familia, y el rol de los adolescentes en la sociedad: ahora deben asumir el papel de «adultos» sin siquiera estar preparados.
- Es frecuente que abandonen su actividad laboral y/o estudios. Así aumenta la dependencia económica de su familia, y muchas veces se profundiza la marginación.
- Constituye el mayor riesgo respecto de la salud materno infantil (bajo peso del bebé al nacer; retardos de crecimiento; trastornos de hipertensión en el embarazo, etc.).

Si una adolescente no desea quedar embarazada debe recordar que:
- Puede quedar embarazada aún si el pene de su compañero no penetró en la vagina (los espermatozoides pueden desplazarse, "nadar").
- Puede quedar embarazada durante su primera relación sexual.
- Puede quedar embarazada aún si tuviera relaciones sexuales durante la menstruación.
- Si el varón «se retira», «no termina» o «acaba afuera», igual la mujer puede quedar embarazada.
- La ducha post-coito («el lavado de la vagina») nunca evita un embarazo, no importa cuán inmediatamente después de la relación sexual se realice.
- Puede quedar embarazada aún si no tuvo un orgasmo («no terminó») en esa relación sexual.
- Las relaciones sexuales, en cualquier posición, pueden producir un embarazo.
- La lactancia o amamantamiento no previenen un embarazo.

La maternidad y la paternidad a destiempo pueden plantear situaciones de riesgo para la madre, sus hijos y toda la familia.

El aborto no es un método anticonceptivo

Por falta de información las adolescentes no comprenden que el aborto no es una forma de regular ni controlar la concepción. Además en la Argentina no está legalizado, se realiza de manera clandestina y en situaciones sanitarias no confiables que ponen en riesgo la vida de las jóvenes. Es importante que los adultos puedan hablar estos temas con sus hijas en cuanto tengan su primera menstruación. También es esencial asistir a una consulta ginecológica que pueda ayudarlas a tener una sexualidad responsable, evitando embarazos no deseados.

Método abortivo «medicamentoso» (misoprostol, mifepistrona y el metotrexate) se está instalando como tendencia sobre todo entre adolescentes. En la Argentina el producto se llama Oxaprost. Es de venta libre en las farmacias. El uso del misoprostol trae una franca disminución de la mortalidad por aborto. Sin embargo, existen dos aspectos que preocupan respecto al producto: uno, que debido a la escasa y negativa información que circula sobre la droga, se la está usando mal y segundo, algunas mujeres lo están utilizando como anticonceptivo, en vez de utilizar un método anticonceptivo diseñado para prevenir responsablemente embarazos.

La orientación sexual

CAPÍTULO 10

"Todo el mundo sabe, o cree saber, lo que es la homosexualidad. Muy pocos saben lo que no es".

Diversidad sexual

La orientación sexual se refiere al sexo de la persona o al estímulo que excita erótica y afectivamente a un individuo independientemente del sexo al cual pertenece.

Es un componente fundamental de la personalidad que se define por la identidad y el comportamiento sexual. La heterosexualidad (aquel individuo que afirma que sólo le atraen las personas del otro sexo), la homosexualidad (aquel individuo al que le atraen personas de su mismo sexo), y la bisexualidad (cuando una persona puede sentirse atraída por personas de uno u otro sexo), son tres expresiones posibles dentro de la orientación sexual.

Las sociedades con tradición occidental, como la nuestra, han mantenido y mantienen todavía muchas veces una actitud negativa y de intolerancia hacia la homosexualidad, ya que consideran la heterosexualidad como «la norma» esperable en las parejas sexuales humanas.

La tendencia social interpretaba a la homosexualidad a partir de patrones como el aspecto o el comportamiento del individuo, confundiendo «rol» con «orientación sexual». La mayoría de los hombres homosexuales o gay no son afeminados; a pesar de esto muchas veces escuchamos frases como: «Y Juancito desde chico parece maricón... es tan amanerado»; «¿Por qué no jugás al fútbol... sos una nena?». Tampoco es cierto que las mujeres con características masculinas sean homosexuales, ni que las lesbianas sean «marimachos» o todas masculinas, pero es frecuente escuchar: «Mira las dos chicas de la mano... parecen tortas»; «María nunca se pintaba... jamás usó pollera»; «¿Viste cómo se para?, parece un hombre».

¿Por qué mi hijo es gay? ¿Por qué un hijo es homosexual, mientras que otro hijo de los mismos padres es heterosexual?

Los padres con frecuencia se hacen estas preguntas por numerosas razones: a algunos la noticia de que su hijo/a es homosexual les causa sorpresa, sentimientos de angustia, de culpa o de irritación. Muchas veces se preguntan: «¿Por qué me pasa esto a mí?»; «¿en qué fallé?». Se trata de una reacción frente al dolor que sienten ante la elección

sexual de su hijo/a, atraviesan una etapa de duelo al perder la imagen o representación mental que tenían de ellos, y se atribuyen la culpa. Estos padres tienen la falsa creencia de que alguien «convirtió» a sus hijos en homosexuales, o se preguntan si existe alguna razón biológica que determine la homosexualidad.

A su vez, muchos jóvenes preguntan: ¿la homosexualidad es antinatural?

Existen mitos y prejuicios sobre la homosexualidad que apuntan a un juzgamiento por la orientación del deseo de las personas y no por su valor como seres humanos.

También ronda la falsa idea de que los homosexuales transforman o contagian a otros. Pero la verdad es que nadie «convierte» en gay a nadie. Por lo general, las personas homosexuales ocultan sus sentimientos durante mucho tiempo.

La identidad sexual

Alfred Kinsey es un biólogo estadounidense reconocido mundialmente por haber efectuado la primera investigación rigurosa que produjo datos objetivos sobre las sexualidades humanas. A finales de los años 1940, este médico desarrolló una escala que lleva su nombre, y que muestra que las personas no son estrictamente homosexuales o heterosexuales, sino que pueden fluctuar entre ambas elecciones. Descubrió que hay muchos hombres y mujeres cuya orientación sexual indica diferentes grados de bisexualidad.

A principio de 1970, se dejó de considerar a la homosexualidad como una enfermedad, una desviación o una perversión, y comenzó a referirse a ella como una preferencia sexual. A partir de la década de 1980, a medida que se fueron realizando nuevas investigaciones, se excluyó de la lista de enfermedades de la OMS y del DSM III (Manual Diagnóstico y Estadístico de los Trastornos Mentales). Luego, se introdujo el término «orientación sexual», que se utiliza en la actualidad.

La construcción de la orientación sexual es compleja, dado que es el resultado de muchos factores que influyen y se diferencian de persona a persona, como por ejemplo los deseos, las fantasías, el núcleo social, las actitudes, los comportamientos, entre otros.

No existe ninguna prueba de que la homosexualidad se determine ni genéticamente ni durante el desarrollo embrionario. Si no se conocen las causas de la heterosexualidad, entonces ¿por qué habría que buscar las causas de la homosexualidad?

No se pueden elegir los sentimientos sexuales propios; el proceso mediante el cual se aprende acerca de los sentimientos —ya sean heterosexuales, homosexuales o bisexuales— es el mismo.

Tanto los/as homosexuales, como los/as heterosexuales varían en sus diferentes formas de vivir la sexualidad, lo cual sugiere que existe una combinación de factores relacionados con la expresión de la orientación sexual y la identidad del sexo.

No existe ninguna evidencia que indique que la homosexualidad masculina es causada por una madre opresiva o sobreprotectora, ni por un padre «ausente», ni por haber sido seducido por una persona mayor del mismo sexo.

Tampoco existen pruebas que indiquen que niños/as criados/as por padres o parejas gay o lesbianas, tendrán más inclinación a ser homosexuales que los/las niños/as criados/as por padres heterosexuales.

¿Los homosexuales se casan? (Juan, 12 años).

En más de quince países, como Holanda, Bélgica, Suecia o la Argentina, se reconoce la unión civil conformada libremente por dos personas con independencia de su sexo u orientación sexual. A través de este trámite, el Estado reconoce y hace valer los derechos y obligaciones de dos personas. La unión civil permite gozar el beneficio de una pensión, tener el derecho de incorporar a la pareja a la obra social, pedir créditos bancarios conjuntos y obtener licencias en caso de enfermedad del concubino.

¿Qué significan las experiencias homosexuales en la adolescencia? ¿Cómo diferenciar dichas experiencias de la orientación sexual?

La identidad sexual se desarrolla a lo largo del tiempo. Muchos adolescentes pueden tener experiencias homosexuales durante los años de la pubertad (generalmente entre los 11 y 15 años de edad), sin que esto indique necesariamente que de adultos han de tener una orientación determinada.

Sus sentimientos sexuales pueden ser tan fuertes que no están orientados directamente hacia una persona en particular. A medida que van creciendo, ellos mismos tomarán decisiones sobre hacia quiénes se sienten realmente atraídos. A veces, pueden enamorarse de sus amigos o compañeros de clase, o se sienten atraídos por personas de mayor edad.

Para los adolescentes el tema de la orientación sexual es muy importante. En general, tienen dudas respecto de su identidad, se preocupan, se ponen ansiosos e intentan informarse: leen libros especializados, revistas y navegan por Internet; intentan obtener toda la información que los pueda tranquilizar o que los inquiete aún más sobre el tema, e intentan identificar sus sentimientos con lo que investigan o leen.

Con frecuencia los adolescentes son tímidos y les resulta difícil comunicar sus sentimientos; se aíslan, ocultan su orientación, y postergan su definición sexual, hecho este que los hace muy infelices.

¿Cómo les digo a mis padres y a mis conocidos que soy homosexual? ¿Qué significa «salir del closet o placard»? ¿Qué sentimientos le produce a un padre cuando su hijo «sale del closet»? (Pedro, 16 años).

Dentro de la sociedad hay quienes dicen sinceramente lo que piensan sobre las personas gay; y otros no tanto. Hay gente que se siente incómoda si se entera de que existen parejas lésbicas o gay en su núcleo de amistades, porque piensan que «contagian», que son promiscuos, que son «diferentes».

En medio de tanta discriminación, a los adolescentes no les resulta fácil descubrir que son homosexuales. Y aquellos que descubren su orientación homosexual, tratan de no mostrar sus verdaderas emociones a otras personas, por temor a ser discriminados. Los adolescentes homosexuales viven y se desarrollan en una cultura homofóbica (que rechaza la homosexualidad), esto no les permite vivir plenamente su sexualidad. A veces dejan de verse con amigos, no van más a los clubes habituales, o dejan de hablar con los padres. Otras veces, para ser aceptados deben fingir: las cosas que hacen y dicen no son espontáneas, porque quieren evitar que los demás descubran «su secreto».

Existen adolescentes que tratan de decirlo de muchas formas, llamando la atención con palabras, rótulos, vestimentas, elecciones musicales, etc.; pero otros, prefieren esperar el momento adecuado para *«salir del* closet *o placard»* o sea para dar a conocer su identidad sexual. Veamos algunos testimonios:

Cuando le conté a mi papá que era homosexual, él se puso muy mal, hasta llegó a echarme de mi casa... cinco años después, mi padre me acepta como soy y hasta me pidió perdón (Javier, 25 años).

Se lo conté a mi vieja un día de lluvia... Lo primero que le pasó por la cabeza fue: ¿no voy a tener un nieto tuyo?, ¿justo mi hijo preferido no me va a dar nietos? Pero nunca me hizo problema, siempre lo aceptó, además conoce a mi pareja actual y comemos muchas veces los tres juntos (Alejandro, 21 años).

Tengo casi 50 años de edad, dos hijos adolescentes, si bien estuve muchos años casada y adoro a mis hijos, recién cuando conocí a mi actual pareja (otra mujer), comencé a vivir una sexualidad más plena (Laura, 48 años).

La homosexualidad no se encuentra entre las expectativas que los padres y las madres se han hecho para un hijo o una hija. Por eso, muchas veces reaccionan presionando, alejándose, negando, rechazando o simplemente culpándose: se preguntan si fracasaron como padres, si van a poder enfrentar las burlas y los comentarios de rechazo de la sociedad. Otros padres, en cambio, reflexionan y concluyen: «¿para qué hacerme tantas preguntas?, lo importante es que mi hijo/hija sea feliz».

Los padres que reaccionan de esta manera, toman a esta situación como una oportunidad de conocer mejor a sus hijos/as, aceptándolos como son, y acercándose más a ellos.

Todos los padres deberían saber que si su hijo/a puede revelar su identidad sexual, se habrá quitado una gran dosis de culpabilidad y vergüenza de encima.

Si su hijo/a les ha revelado su identidad sexual, les está confiando algo muy importante sobre sus sentimientos, y esto debería ser leído como un gesto de afecto y de confianza, aún cuando se estuviera arriesgando a ser rechazado por sus padres.

¿Pueden las lesbianas y los gay cambiar su orientación sexual si van al psicólogo? ¿Qué les espera a los adolescentes que no pueden mostrar sus sentimientos con respecto a su orientación sexual? (Coqui, 16 años).

La orientación sexual es tan compleja que no puede ser cambiada como otros tipos de comportamiento. La mayoría de las personas gay y lesbianas que han intentado cambiar su orientación sexual no lo han logrado. Algunos pueden cambiar su comportamiento sexual, pero no sus fantasías y deseos. No existe prácticamente ninguna evidencia que sugiera que los homosexuales puedan cambiar su orientación sexual a través de una terapia.

Tanto la heterosexualidad como la homosexualidad se construyen a través de comportamientos, actitudes, deseos, y por la personalidad del individuo; y lo importante es que cada uno pueda vivir su sexualidad plena y saludablemente. Tanto las personas heterosexuales como homosexuales que nieguen sus sentimientos sexuales pueden llegar a ser muy infelices. Y esta infelicidad, puede traer signos de depresión y de sufrimiento por los prejuicios sociales.

Cuando el rechazo social lleva a la marginalidad, es probable que se mantengan relaciones sexuales sin protección o promiscuas aumentando así las posibilidades de contraer infecciones de transmisión sexual y SIDA.

Los derechos sexuales forman parte de los derechos humanos de las personas y se manifiestan mediante la orientación, la posibilidad de informarse y de darles oportunidad a los jóvenes para que desarrollen libremente su sexualidad saludable.

Aceptar un/a hijo/a homosexual implica dejar de pensar que la homosexualidad es una enfermedad. La comprensión sobre la orientación sexual de sus hijos/as seguramente mejorará su relación con ellos/as. La vida se manifiesta a través de la diversidad, y es bueno saber que la capacidad de amar también es diversa.

¿Qué quiere decir que una persona es travesti? (Piero, 12 años).

Las personas travestidas desean y sienten placer cuando se visten y se comportan como si fueran del otro sexo; la mayoría de las veces aceptan su sexo biológico. No buscan un cambio permanente ni quirúrgico.

Vi en la tele que hay hombres que se operan para ser mujeres, ¿es verdad? ¿Para qué se quieren operar? (Juan, 13 años).

Hay algunas personas que desean pertenecer al sexo opuesto y se las llamada «transexuales». El hombre o la mujer transexual sienten que no les corresponde el cuerpo que tienen. Desde muy temprana edad muestran comportamientos correspondientes o esperables para el otro sexo. Además, repudian constantemente el sexo biológico con el que nacieron e intentan algún tipo de solución quirúrgica.

Maltrato, abuso y violación sexual

CAPÍTULO 11

"El abuso sexual infantil resulta difícil de detectar, problemático de abordar, complejo de resolver. (...) La tendencia histórica fue encubrir, negar, minimizar su frecuencia y sus efectos, silenciar".

Carlos Rosanski

¿En qué consiste la violencia sexual?

La violencia sexual puede darse de diversas formas: como abuso sexual infantil; violación sexual; explotación a través de la prostitución adulta e infantil; el aprovechamiento sexual de los discapacitados físicos y mentales, y de ancianos; el acoso sexual.

En el abuso sexual, dentro de las relaciones que establece el adulto con el niño/a o adolescente, se encuentran:

- Aquellas que implican contacto corporal, con la participación activa o pasiva del menor: besos, caricias, roces, toqueteo de los genitales, sexo oral y, en algunos casos, hasta penetración.
- Aquellas que no incluyen contacto corporal: insistencia verbal, llamadas telefónicas, muestra de material pornográfico (fotos, videos, imágenes por Internet, etc.) y exhibicionismo.

Mariela, una estudiante secundaria adolescente, y su madre mantienen el siguiente diálogo:

—Decime mamá, ¿cómo puedo hacer para que mi profesor de computación no me toquetee cuando me ayuda a trabajar con un programa, ya que si me enojo con él, puede tomar una represalia y me puede mandar a examen?

—La verdad es que me alegro de que me lo digas. Muchas chicas tienen el mismo problema con hombres mayores. Pero no dicen nada porque tienen miedo y no saben qué hacer. Deberías hablar con otras chicas de tu escuela y preguntarles si ese mismo profesor también las molesta —contesta la mamá.

—Sí, yo sé que no soy la única. Algunas amigas me contaron que les pasa lo mismo —dice Ariela.

—Entonces pueden ir juntas a hablar con el Director. Será más fácil que les crea y tome las medidas que corresponda. De todas maneras, si esto no resulta voy a hablar con otros padres para que se solucione este conflicto —dice su mamá.

En este ejemplo y en muchos de los casos, el abusador u ofensor es una persona adulta y la víctima es un menor, y se ejerce una relación de poder en la que la víctima es obligada a través del engaño, el soborno y la manipulación a producir o permitir que se produzcan sobre su

cuerpo conductas determinadas por el adulto. Entre el victimario y su víctima se da entonces una relación asimétrica ya que la relación niño-adulto es desigual, y se ignoran los derechos del niño.

Entre las personas involucradas nace un vínculo sin alternativas: el abusador manipula el poder y carga a la víctima con la responsabilidad del secreto. El silencio del niño protege no sólo al abusador, sino a sí mismo y a su familia.

También se considera abuso sexual cuando un adulto observa a escondidas a un niño o niña mientras se está bañando o cambiando de ropa; o por el contrario cuando el adulto se muestra desnudo frente a un niño o niña.

Las niñas y niños abusados viven sentimientos y emociones de confusión: miedo, culpa, afecto, autorecriminación (si fueron abusados por parientes cercanos), promesas, regalos e incluso placer. Así, pueden aparecer sentimientos de odio, contradicción, sumisión y confusión.

El abusador recurre a las amenazas para evitar que el niño cuente lo que está pasando, puede decirle que lo matará o que le hará daño a algún miembro de su familia.

La responsabilidad del abuso sexual de niños siempre es del abusador. Los niños son por naturaleza dependientes y los adultos deben tener la responsabilidad de transformar esa dependencia en confianza.

Una de las características del abusador-víctima es la influencia que ejerce sobre el niño sin que este lo sepa. Esta «invasión» se realiza a través de miradas, ciertas palabras y gestos.

Muchas veces los individuos abusados no buscan ayuda, porque tienen miedo de que no les crean. Algunas de las frases más comunes que suelen escucharse en relación con el maltrato y el abuso son: «el abuso sexual de menores no sucede entre la gente cercana a uno», «son eventos aislados», «los chicos mienten», «si alguien es víctima de una violación es de alguna manera responsable». Todos estos no son más que mitos que desvían la mirada del problema real.

A medida que pasa el tiempo, la cantidad de personas víctimas de la violencia sexual es cada vez mayor. Es importante que los adultos no tengan actitudes de provocación con los niños a través de palabras, actos de seducción, etc.

Trastornos y síntomas en un menor abusado

¿Quiénes abusan sexualmente de los niños? ¿Quiénes pueden ser ofensores sexuales?

Por lo general, el abuso se da con personas muy cercanas al niño: el papá, el tío, los hermanos, vecinos, padrastro, un abuelo, profesores, amigos del papá o la mamá, entre otros.

El menor relacionado afectivamente a este adulto no puede discernir si lo que está ocurriendo está bien o está mal. Esta confusión hace que la niña o el niño tema, obedezca y no se rebele.

La mayoría de los abusadores son varones conocidos por las víctimas. En general, atacan a muchos menores antes de ser descubiertos. Hacen que los menores sientan vergüenza y así los dominan.

¿Cómo darse cuenta si un chico fue abusado?

Los menores abusados pueden tener distintos síntomas que les permiten a sus padres detectar la gravedad del problema, a saber:

- *Enuresis y encopresis (trastornos del control de esfínteres).*
- *Dolores físicos (de cabeza, abdominales).*
- *Anorexia.*
- *Negativa a visitar a ciertos parientes o a visitar conocidos de la familia.*
- *Irritación de genitales.*
- *Uso de términos obscenos que en general no son comunes en el chico.*
- *Prácticas de juegos sexuales no aptas para su edad.*
- *Presencia de alguna ITS.*

Entre los trastornos psicológicos que trae un abuso se pueden citar:

- *Perturbaciones escolares y familiares.*
- *Cambios bruscos en el comportamiento con otros niños.*
- *Conductas regresivas y de auto destrucción.*
- *Desconexión.*

- *Depresión.*
- *Aislamiento del grupo.*
- *Miedo.*
- *Evitación de determinados lugares.*
- *Exagerada curiosidad sobre temas sexuales.*
- *Autoestima disminuida.*
- *Pesadillas*
- *Sentimientos de furia y resentimiento.*
- *Estados de ansiedad e irritabilidad.*
- *Desvelo.*
- *Trastornos de memoria.*
- *Conductas seductoras.*
- *Culpa.*
- *Claustrofobia.*
- *Inquietud.*
- *Vulnerabilidad frente a nuevos abusos.*
- *Dependencia.*
- *Personalidad adictiva.*

Cuando un niño es abusado por un adulto se establece una relación basada en el «secreto» a través de la persuasión o mediante la presión y la amenaza.

Es importante que los padres sepan que el abuso sexual, cualquiera sea su forma, es siempre síntoma de violencia, porque de esta manera se expone al niño o niña a vulnerar su salud física, emocional, su seguridad como persona y la integridad de su vida.

¿Cómo verificar si un niño/a fue abusado/a?

A veces, los abusos sexuales se pueden confirmar mediante exámenes clínicos. Pero es difícil verificar el abuso que implica: toqueteo, contacto bucal, miradas y palabras obscenas.

En las niñas abusadas, los indicios se ubican especialmente en la zona genital y anal: desfloración temprana, desgarro vaginal y rectal, hemorragias vaginales y rectales, infecciones rectales, anales y genitales, signos de embarazo, ITS o SIDA.

También pueden observarse lesiones más leves como: hematomas y escoriaciones en diversas partes del cuerpo.

En muchas ocasiones, cuando los niños deciden contar lo que sucede y sus padres les creen, se animan a hablar y es mucho más sencillo llegar a una determinación sobre el problema.

Todos, como padres, deberíamos estar alertas, pues muchas veces la prevención a tiempo, haciendo una intervención precisa para evitar exponer al menor otra vez a esa situación, puede impedir un daño más grave aún. Por otro lado, se debe generar confianza en los adultos, porque si bien existen adultos acosadores, también los hay protectores y confiables.

¿Qué hacer en caso de haber sido víctima de una violación sexual?

La violación es un ataque sexual que se comete contra la voluntad de la víctima quien es privada de todo control de la situación. Tanto hombres como mujeres pueden ser víctimas de violación, si bien la mayoría de las veces, son las mujeres las que la padecen.

Todavía hay quienes creen en que el violador «no pudo contenerse cuando vio aquella mujer», «ella lo incitaba y él ya no se pudo controlar más» o «ella lo provocaba».

Por lo general, los violadores ya conocen a su víctima antes de violarla; no se trata de un acto espontáneo. Tampoco es cierto que actúen movidos por una necesidad sexual infrenable; lo que el atacante desea es poner de manifiesto su poder, su superioridad, su prepotencia. El placer que busca es el de controlar, asustar y sentirse superior.

Es aún más falso decir que las mujeres, inconscientemente, desean ser violadas. Una mujer violada tendrá la autoestima sumamente degradada, ya que ha sido humillada y es probable que se sienta culpable de haber sido violada.

Es importante buscar apoyo emocional y atención médica inmediata luego del hecho para ser contenida, comprendida y facilitar el estrés post-traumático. También se deberán tomar precauciones o recibir tratamiento para evitar una ITS, SIDA o un embarazo no deseado.

Resiliencia: reparación del abuso sexual y la violación

Es importante que los niños puedan contar lo que les ocurrió, también que se los escuche, se los contenga y, por último, se los consuele. Hay que recordar que tener en quién confiar es un derecho de cualquier niño/a.

Es necesario, además, que se pueda elaborar una estrategia de acción respetuosa sin lastimar a la víctima, donde la criatura abusada sea el centro de las actuaciones, y el familiar (no abusador) que acude a la justicia sea bien recibido con el trato y la contención que ambos merecen.

Por eso es importante conversar con los chicos/as y dialogar acerca de su sexualidad. Desde ya los padres deben tener información sexual adecuada para que puedan responder a las preguntas de los/as adolescentes.

Según Boris Cyrulnik –investigador neuropsiquiatra, psicoanalista y estudioso del comportamiento humano–, la resiliencia es la capacidad humana de superar traumas y heridas. Existen factores que favorecen la resiliencia en personas abusadas.

Estos son:

- *el cuidado y protección que han recibido de otros adultos;*
- *la posibilidad de haber develado los hechos y haber sido protegidos del abusador;*
- *el poder expresar las experiencias negativas y que se les crea (no ser desmentidos).*

A través de este libro queremos proponer una educación basada en la verdad y no en los prejuicios, que explique todo lo que tiene que explicar y con acciones que sean lo suficientemente profundas como para ayudar a cambiar actitudes, valores y comportamientos.

Consideramos que sin información no existe concientización ni cambio de actitud. Sin embargo, esta no basta. ¿Por qué? Porque las campañas sobre sexualidad y prevención, las conferencias, las clases discursivas, no toman en cuenta las ideas, percepciones, miedos, falsas creencias, etc. Por otra parte, tampoco facilitan la reflexión, no hay replanteo de dudas, no incluyen la aceptación del punto de vista de otros; o sea, que no invitan al compromiso ni a la participación. Entonces, ¿qué proponemos? Proponemos que averiguando qué piensan sus hijos e hijas y qué saben, pueda invitarlos a ser escuchados y a charlar libre y francamente, sin discursos prefijados, para ayudarse y ayudarlos a cambiar prácticas y modificar comportamientos, intentando tejer tramas y redes de ayuda entre familiares y amigos con presunciones, experiencias y conocimientos.

Es nuestra intención contribuir a terminar con el silencio vergonzoso que sigue rodeando a la sexualidad, para que las personas gocen de salud sexual y tengan comportamientos sexuales responsables y placenteros; por lo tanto, la responsabilidad es uno de los valores más importantes a ser promovidos. La estrategia de la educación sexual en el ámbito familiar debería incluir la responsabilidad como valor a promover: qué sé y qué debo hacer frente a cada posibilidad de riesgo.

EPÍLOGO

Bibliografía

American Academy of Pediatrics Subcommittee on Chronic Abdominal Pain, *Chronic Abdominal Pain in Children*, Pediatrics. 2005; 115(3): 812-815.

Cyrulnik, Boris, *El amor nos cura*, Barcelona, Gedisa, 2005.

Fernández, Ana, *La invención de la niña*, Buenos Aires, UNICEF, 1993.

Gelstein, Rosa N. y Pantelides, Edith. A., «Coerción, consentimiento y deseo en la primera vez» en *Género, Sexualidad y Derechos Reproductivos en la Adolescencia*, Buenos Aires, Paidós, 2003.

Giberti, Eva y La Bruna, Andrea, *Sexualidades: de padres a hijos*. Buenos Aires, Paidós, 1993.

Goldstein, B. y Glejzer, C., «¿Qué preguntan sobre sexo los y las adolescentes de 14 y 15 años? Una investigación realizada en el ámbito escolar» en Revista *Novedades Educativas*, año 18, n° 184 (abril 2006), págs. 82-86.

Goldstein, B. y Glejzer, C., «Sexualidad humana y características del sistema genital» y «Salud sexual y reproductiva, fecundación y desarrollo» en *Adolescencia y Salud*, Buenos Aires, Puerto de Palos, 2006.

Goldstein, B. y Glejzer, C., «VIH/SIDA. Salud, Educación y Prevención» en Editorial Novedades Educativas, 1999.

Groisman, C., Rabinovich, J. e Imberti, J., *El desafío de la sexualidad*, Buenos Aires, Sudamericana, 1999.

Hite, Shere, *Informe Hite sobre la familia*, Buenos Aires, Paidós, 1995.

Kaplan, Helen, *El sentido del sexo*, Barcelona, Grijalbo, 1981.

Lerer, María Luisa, *Sexualidad femenina*, Buenos Aires, Paidós, 2005.

Masters, W. y Johnson, V., *Respuesta sexual humana*, Buenos Aires, Intermédica, 1981.

Programa regional de SIDA/ITS, División de control y prevención de enfermedades, Grupo de trabajo OMS/OPS/ONUSIDA, «Informe bianual: Vigilancia del SIDA en las Américas» [en línea]. Mayo de 2000, Organización Panamericana de la Salud (OPS).

http://www.paho.org/Spanish/HCP/HCA/report_may_2000.pdf.

Rozanski, Carlos A., *Abuso Sexual Infantil. ¿Denunciar o Silenciar?*, Buenos Aires, Crónica-actual, 2003.

Sapetti, Adrián, *Los senderos masculinos del placer, La sexualidad de los varones en el siglo XXI*, Buenos Aires, Galerna, 2006.